永恆春日三部曲 首部曲

國境之南

永恆春日

王敏勳——著

Spring Eternity: A Trilogy Volume One:

Southern Sovereignty: Spring Eternity

推薦序／1

相挺作伙，點燃這把傳承的薪火

——伍錦霖

首先，感謝王敏勳先生著作《永恆春日》邀請寫序文，他是我屏東同鄉會的傑出鄉親、現任恆春古城文化協會理事長及台北市屏東同鄉會副理事長。我們倆很早就結善緣，相知甚深，情同手足。雖然他工作繁忙，但愛鄉愛土心切，經常會抽空前來和我促膝長談，交換彼此對恆春鄉土文化發展的看法體悟。在一次針對這本書的對談中，我深深感佩：「敏勳非常願意無私付出，為屏東家鄉做了許多貢獻，這次著書發行是人生三不朽『立言』大好事情，我衷心祝福與支持！」

回憶起身為屏東子弟的我，由於家世並非顯耀，自幼受父母庭訓非常嚴格，人生抱持著「認真不苟、不畏艱難、任勞任怨」的信念始終如一，深受各級長官與屏東鄉親的指導照顧，時時刻刻都能深切感受到這種恩情不分彼此、無私奉獻的關愛，所以今天我也要竭盡所能支持敏勳兄，希望能做到「薪火相傳」生生不息、把愛傳出去，發揚向上向善的正能量、善願善行的溫情，透過每一雙屏東子弟的心手傳遞下去，並且不斷地擴散、感動他人，在社會上產生相互感染力，我相信這就是一種善的循環，綿綿不絕，永不間斷。

談起故鄉的恆春，此地並不是一處人口稠密、工商業發達、生活條件十分有利的地方。從古代明朝開發至今，歷經數百年政治社會變遷、風土人情演進，卻因為受限於地理位置環境，以致經濟繁榮程度仍有長足發展空間。但在精神層面上，屏東恆春這塊寶地卻是格外富饒，諸如：人文、歷史、風土、民俗、古蹟文物……經過了代代薪火相傳，承繼先民開拓精神，早已累積出無比豐厚的文化資產，也如實反映出這片土地上人們胼手胝足、吃苦耐勞、戮力勤奮付出的草根特性。

回想二〇〇四年，我投入屏東縣區域立委選舉，親身走訪全縣三十三個鄉鎮市，見證了許多在地人為生活拚搏的認真刻苦精神，展現出無比強大的生命力。年輕時，亦曾在屏東恆春保力營區服兵役，因地區臨靠海邊，落山風冷冽強勁，一陣陣撲面而來，真是讓人難以招架，幾乎站都站不穩！所以居住此地的鄉親們有咬嚼檳榔的風氣，檳榔成了禦寒的農作物，口中咬嚼檳榔，身體就不覺得冷，旋即可以迎風勇敢向前行。這種居民與檳榔的結合，形成地方特有風格，可說是屏東人堅韌不拔精神的縮影，以及順適環境變化的一種生活智慧。

拜讀《永恆春日》一書精髓，可看出是以歷史為經緯，然而這本書所描繪的內容，並不僅僅是恆春的歷史軌跡，此外，我們也能發現在恆春這片土地上，留下了許多值得稱道敬佩的事蹟，那就是「改變恆春的先民前輩們」，其具體偉大的人文貢獻，是恆春發展的中堅力量。

他們奉獻青春時光，不畏艱辛，遠赴他鄉爭取最高榮耀，為恆春人揚眉吐氣。這些傑出表現的代表人物，涵蓋了經濟、政治、文學、藝術、教育、音樂、醫學等多元領域成就，樹立起恆春人的楷模典範。其中，像王敏勳先生這樣事業有成且熱心公益的人士，近年來紛紛回鄉從事投資建設，為故鄉注入新生力量，成為當地後進的學習榜樣。不僅帶來實質的鉅額產業投資，也為家鄉青年後輩創造出更多就業機會。

他們以只求付出不求回報的風骨，積極推動發揚古城文化，讓全台灣以至於全世界都能看見恆春！舉凡此等的功勞事蹟，絕對值得被讚頌、被表揚、被廣為流傳。相信這群默默耕耘努力付出的人士們，將會在這塊土地的歷史長河中，留下不可抹滅的榮耀功績。

敏勳兄謙虛透露，本書的發行只是首部曲，未來，同系列還會陸續推出二部曲及三部曲，分別是以「歷史的恆春」、「人物的恆春」以及「恆春再現」三維角度呈現，著實令人充滿驚喜和讚歎！期望書中能更全面地呈現這群日日月月年年埋首奉獻心力的恆春鄉親前輩，深入探討他們在各領域所帶來的改變和貢獻，相信這將是對《永恆春日》更豐厚、更立體的完美延伸，不但能夠成就恆春史篇新頁，也是對這群恆春守護者所致上的最高敬意。

最後，對於敏勳兄運智護持，本著熱愛鄉土文化的執著，鎮日伏案專心《永恆春日》的撰寫出版，我深表祝賀敬佩！本書對於屏東歷史文化的保存與傳承，具有深遠價值和意義，也為我們打開一扇閱讀恆春鄉土文學的大門，能細細品嘗其豐富滋味與濃厚的地方特色。期待未來能看見更多像敏勳兄這樣具有傑出成就的屏東鄉親回鄉投資建設，為故鄉帶來繁榮發展，為文化帶來推動力，在日趨枯竭的現代人心靈中，再造生機新活力。也盼望大家能相挺作伙，點燃這把傳承的薪火，將這份正能量永續傳承下去！

茲值付梓印行之際，敏勳兄囑咐卷首撰序推薦，特此引薦謹綴數語，並致上無限感念和祝福。為之序！

伍錦霖，出生於屏東縣農村家庭，畢業於國立政治大學公共行政學系及研究所、美國康州三一學院研究員及訪問學者、美國耶魯大學組織管理學院（S.O.M）研究、高考及甲等特考及格，歷任臺灣省議會秘書長、考試院秘書長、立法院第六屆立法委員（屏東縣選區）、第十一屆考試院副院長、總統府秘書長及第十二屆考試院院長等職務，並曾任台北市屏東同鄉會第五屆理事長。

Reciprocate, and ignite the spiritual fire of inheritance.

by Wu Jin-lin

First of all, I want to thank Mr. Wang Min-shiun for inviting me to write the foreword for his book Southern Sovereignty: Spring Eternity. He is a very outstanding member of our Pingtung County Association, currently serving as the President of Hengchun Old Town Cultural Promotion Association and as the Executive V.P. of Pingtung County Association of Taipei City. Both of us got acquainted quite early on; we deeply understand each other, treating each other like brothers. Even though he has a very busy schedule, due to his love for the hometown and the homeland, he still often squeezes out the time to visit me, holding long conversation to exchange our views and our awareness about the cultural development of our hometown Hengchun. Once in an open discussion about writing this book, I sincerely came to admire him: "Min-shiun is very willing to selflessly give; he has made a lot of contributions to Pingtung's hometown; the publication of this book does actualize one of the Three Imperishable, "creating immortal words;" it is one of the best things that happens in life; I sincerely bless and support him!"

Looking back at my own growing up in Pingtung, due to not being born in a well-to-do family, and due to my parents' rigorous demands, I have been all lifelong practicing the principles of "doing things perfectly, challenging difficulties and never complaining." Since I myself have long been guided and cared by all levels of government officials and Pingtung County fellow citizens, I can constantly and deeply feel the sense of disinterested affection and the care of selfless dedication. Hence, today I will also do my best to support Brother Min-shiun, hoping to enable "the ceaseless passing of the spiritual fire," spreading all the kind affections and boosting all the upward and all the virtuous positive energy. By means of good intentions and good deeds, through the hearts and the hands of all Pingtung County fellow citizens, we want to expand the virtuous cycle, making more and more people feel moved, so as to generate sense of mutual contagion, extensively and perpetually.

Talking about Hengchun, our hometown, it is a place not intensely populated, not industrialized, and of very limited living conditions. Starting from the Ming Dynasty to the present, its development has been going through centuries of political and social changes, through stages of evolving local humanities, while its economic development and prosperity, always with room for improvement, has been confined by its geographic limitations. However, when it comes to the spiritual aspect, Hengchun of Pingtung County is full of abundant treasures, such as: humanities, history, landscape, customs, antiquities .... From generation to generation, we have inherited the pioneering spirit of our ancestors, not only accumulating an immeasurable amount of cultural legacies, but also solidly reflecting the grassroot spirit of working hard, being resilient and never giving up. Looking back at the year 2004, as I entered the regional legislator election of Pingtung County, I personally travelled across the thirty-three townships of Pingtung County, witnessing the fighting spirits of all the local people, and their limitless vitality. When I was young, I ever served at the Baoli Barrack of Hengchun in Pingtung County; being on the seaside, the katabatic wind was unbelievably sharp and strong; gusts after gusts, it was almost impossible for people to resist and stand steadily! That is why the local villagers form the habit of chewing betel nuts; betel nut turns to be a crop that can help resist the cold; chewing betel nut can actually make people physically warmed, enabling them to directly brace the headwinds. The combining of local people's life with the betel nuts is exactly one of our local features, which, in some sense, microscopically represents the never-say-die spirit of Pingtung people and our life wisdom of absolute adaptability to the environmental changes.

After closely reading Southern Sovereignty: Spring Eternity, I noted that the highlights of the book are based on historical events; however, the content of the book is not only about the historical developments of Hengchun; it also covers many admirable and praise-worthy individual legacies that actually occurred on this land; that is, it also concretely describes the backbones of Hengchun's developments—"those ancestors who truly transformed Hengchun" and their great contributions to Hengchun's humanities. Never afraid of difficulties, migrating to other areas, these ancestors dedicated all their youth to pursuing the highest glories and making Hengchun people feel proud. These outstanding figures respectively perform so well in multiple fields such as economy, politics, literature, arts, education, music and medicine; their achievements can serve as the role model for all Hengchun citizens. In recent years, many of these people, particularly like Mr. Wang Min-shiun who not only has big business achievement but is also enthusiastic about charities, have gradually returned to the hometown to make business investments, injecting new lifeblood and inspiring the young generation at the same time. Their investment simultaneously boosts local industrial development and creates many job opportunities for local young people. With the spirit of selflessly giving but not demanding any return, they actively promote the Old Town culture, allowing the whole Taiwan and even the whole world to see Hengchun! Such kind of contributions and deeds are absolutely worthy of being admired, being praised and being widely circulated. I believe these people, who work hard silently, selflessly give but just stay in low profile, will surely make certain indelible glorious legacies along the long river of this land's history.

Brother Min-shiun modestly revealed that the publication of this book is to be Volume One; in the future, the same series will successively include the publication of Volume

Two and Volume Three. The idea is to respectively center around "Hengchun's History," "Hengchun's Figures" and "Hengchun's Nostalgia and Revival," three-dimensionally representing Hengchun. How surprising and how admirable! Hopefully, the book series can more comprehensively present those Hengchun predecessors, who have been ceaselessly making contributions day by day, month by month and year by year, and further probe into the changes and the contributions made by them in their specific field; by doing so, I believe it will enrich and three-dimensionally and perfectly extend the content of the book series, which will achieve a new chapter of Hengchun epic and pay the highest homage to this group of Hengchun guardians as well.

Finally, I want to sincerely express my congratulations and my admiration to Brother Min-shiun, who, with sustaining wisdom and due to his persistent love for the hometown culture, has long concentrated himself on writing and publishing Southern Sovereignty: Spring Eternity. Such a book is of great significance in terms of preserving and passing on the Pingtung's history and culture; it also opens a door to studying Hengchun's local literature, enabling readers to taste the rich flavors and the abundance of the local features. I hope that in the future, there will be more and more people, like Brother Min-shiun, coming back to Pingtung to make investments, so as to bring prosperities, to drive cultural developments, and to generate new life possibilities in the ever-exhausting minds of modern people. I also wish that we all mutually reciprocate, ignite the spiritual fire of inheritance, so as to eternalize the passing on of this positive energy!

In the eve of the book's publication, I was invited by Brother Min-shiun to write the Foreword for the book. With infinite gratitude and blessing, and with the above few remarks, such is the Foreword!

Wu Jinlin, born in a rural family in Pingtung County, graduated from the Department and the Graduate School of Public Administration of National Chengchi University. Scholar in Residence at Trinity College, Connecticut, U.S.A. Advanced Study at Yale University School of Organization and Management (S.O.M.), Connecticut, U.S.A. Having received the Senior Level and the Highest Level Qualification of Civil Service Examination. Having served as Secretary-General of Taiwan Provincial Assembly, Secretary-General of Examination Yuan, Legislator of 6th Legislative Yuan (Pingtung County Constituency), Vice President of 11th Examination Yuan, Secretary-General of the Presidential Office and the President of 12th Examination Yuan. Besides, he ever served as the General Director of 5th Pingtung County Association in Taipei City.

推薦序 2

倘佯永恆春日，閱讀百年恆春

—郭松林

大家好，我是郭松林，這一次聽到咱們屏東同鄉會的恆春囝仔王敏勳副理事長出版了一套恆春三部曲的書，名字很美，叫做「永恆春日」——一看到這個書名，就勾起我好多兒時回憶，那故鄉的一草一物，彷彿都近在眼前。

敏勳兄是一個讓人激賞的朋友，他看待事情的角度和理念都很獨到，我也非常欣賞和支持他為我們故鄉所做的一切。回饋故鄉的方式有很多，有的人是捐錢，有的人是出力，而敏勳兄則是全方位、全心全力、無私無我、不計代價的投入與付出。事業有成的他，每每慷慨出錢、下鄉出力，親力親為地去幫助弱勢孩童和長者，而且幾乎每一件事情都是帶頭去做。更令人感動的，是他的個性平易近人，從不因為有錢就洪聲，就表現出不可一世的模樣。即使現在的他已是功成名就，卻從沒忘記過兒時貧困的日子，仍然勤儉樸實、腳踏實地，是我們屏東人的好榜樣。

童年時期，我和敏勳兄的家都靠海，而我的家就在大鵬灣附近。其實我應該就讀東港的學校，但因為當時交通不便，一定要搭竹排仔（竹筏）渡港，所以只好改讀林邊的崎峰國小。現在的年輕人，大概很難想像當時的生活有多艱苦，我們家每餐都吃番薯籤，連白米都是奢侈品。有時我媽媽去做工，人家會送一些食物給我們，那就算是難得的打牙祭了。不像田莊人有曬穀場，附近這一帶包括我們家，都是在沙灘上曬番薯籤。當番薯籤愈曬愈乾時，上頭所沾到的沙粒也愈黏愈緊，洗都洗不掉。口感鹹鹹的、沙沙的，雖然不好吃，但至少讓家人免於挨餓，所以我們還是心存感恩，想像著這是灑上了討海人家的天然胡椒鹽……我想敏勳兄出書的動機，就是希望後人知道屏東數百年來的甘苦，即使無法詳細講述，但已經足夠讓我對這本書的問世感到敬佩。

敏勳兄的書，不僅與恆春當地有關，還與整個恆春半島甚至屏東縣都有關係，因為這是我們的根，我們屏東的後代子孫必須要知道自己的祖先是怎麼來的，不論你是什麼種族的後代，是客家人也好、福州仔也好、原住民也好，都是後來的屏東人。

而我和敏勳兄，是見證屏東困苦的在地人。回想童年時期，家中一貧如洗，連電力都沒有，房屋也是用茅草簡單搭建，沒有地基，久了就漸漸下陷。每當家裡來客人時，都得特別提醒：「小心頭」、「注意不要撞到樑」。我的爸爸是個老實人，以捕魚為業，卻連張合適的漁網都沒有，每次出海，往往只能空手而歸。

小學畢業後，老師鼓勵我升學，但因為繳不起學費，所以沒能繼續讀書，十五、十六歲便隻身前往台北闖蕩，在社會上歷練學習。然而年少時期，對於無法升學一事總是心有不甘，所以我下定決心要多方自我充實，有時間就多看各種書籍，抓住機會去補習班上課……終於皇天不負苦心人，順利考上冷凍空調甲級技術士，然後再以技術證，晉取專科學校電機工程科畢業之同等資格證書，如願彌補「黑手」低學歷的遺憾。回想小時候，家中負擔都在姐姐身上，所以我真的很感激她。雖然她沒能上學，但對我們來說，卻是極重要的靠山和支柱，對於家庭經濟做出了很大的貢獻。

在同鄉會，很幸運的能和敏勳兄結緣。他肯衝肯拚、身段柔軟，是十分優秀的將才。在他擔任副理事長的這段期間，我們展開密切合作，花了很多時間討論如何改革同鄉會，讓更多人願意投身參與。我們經常聚在一起，推動一些公益計畫，例如提供獎學金給需要的孩子，鼓勵他們好好讀書，將來有機會能夠回饋社會。除此之外，我們更在教育方面下了不少功夫，特別是針對孩子的品行和英文能力方面予以強化提升。我和敏勳兄都認為教育非常重要，是百年大計。我們要讓孩子懂得珍惜別人所給予的溫暖，並且用正向行為來回饋社會。

雖然過去曾多次聽聞敏動兄想要寫一本關於家鄉恆春的書，但我沒想到有一天他竟然將這句話實現了！除了為他感到高興之外，我也希望這本書能夠成為一個大家共同回憶的橋樑，讓我們彼此更親近，更能感受到家鄉的溫暖。透過字裡行間，喚起我們對故鄉的種種思念，讓更多人願意用行動來表達對故鄉的支持。

我也期待這本書，能夠讓更多人了解恆春的故事，知道我們這塊土地的歷史和文化。透過書中的介紹和報導，吸引更多人來訪恆春，感受這裡獨特的風景和氛圍，同時也能促進地方發展。

最重要的是，我希望這本書能夠成為一個新的開始，讓恆春再次閃耀在台灣的舞台上，成為未來國際觀光與合作的焦點。屏東有許多優秀人才，充滿著無窮潛力，我們可以透過自身努力，在各領域發揮影響力，為這片土地做出貢獻，讓恆春半島發光發熱，成為台灣走出世界的驕傲！

郭松林，原籍屏東縣東港鎮南平里，年少時期便離鄉背井，從維修空調學徒做起，憑藉著「黑手」的刻苦精神及專業技能，胼手胝足開創事業。現任「誼昌空調工程有限公司」董事長、台北市屏東同鄉會理事長。

Sauntering across spring eternity, reading one hundred years' Hengchun.

by Kuo Sung -lin

Dear friends, my name is Guo Song-lin. Recently I heard about the Hengchun-born Wan Min-shiun, the deputy director general of Pingtung County Association, going to publish a book trilogy of Hengchun called "Spring Eternity", how beautiful a title! As soon as I saw the book title, it suddenly reminded me of so many childhood memories, all the grasses and all the objects of the hometown, appearing as if they are just in front of my eyes.

What an admirable friend Brother Min-shiun is! His concepts and his perspectives of viewing things are always quite unique; I very much appreciate and support all he has been doing for our hometown. There are many ways to repay our hometown, some people donating money, others contributing by providing services; however, for Brother Min-shiun, his efforts and dedication are comprehensive, full-hearted, selfless, and regardless of costs. Having achieved such a high business success, he turns to so generously donate money, go to the countryside, and personally assist the disadvantaged children and the elderly, setting the example of leading by doing in all activities. What makes people feel more touched is he is always so easy-going and modesty, never appearing to be so imposingly arrogant because he is super-rich. Even though he currently enjoys his high achievement and good reputation, he never forgets the difficult days of poverty in childhood; he is still so down-to-earth, living so frugally and simply, and he is really worthy of being the role model for all the Pingtung locals.

In our childhood, Brother Min-shiun's home and my home were both close to the ocean, while mine was near Dapeng Bay. Originally, the school I was supposed to attend was in Donggang, but due to the inconvenience of the transportation—needing to take the bamboo raft to cross the harbor, I had no choice but attended Chi-fong Elementary School in Lin-bian. For the young generation, it is almost impossible to imagine how difficult life was at that time; our family ate sweet potato shreds three meals a day; rice was indeed a luxury. Sometimes my mom went working part-time; some employers would give us some extra food, which would turn to be our rare feast. Unlike landlords who had grounds for drying grains, families in the nearby area, including us, all got the sweet potato shreds to dry on the beach. As the sweet potato shreds got drier and drier, the sand would become more and more embedded in them, simply unable to be washed off. It tasted both salty and sandy, never being regarded as delicious but at least keeping our family away from being hungry; therefore, we were all still so grateful, just imagining it was the spray of natural pepper salt from the fishermen.... I think what motivates Brother Min-shiun to publish this book is that he hopes that the coming generations get to know the hardships of Pingtung over the past several hundred years; even though it is impossible to be described all in detail, the publication of the book is enough to win my admiration.

Brother Min-shiun's book covers not only Hengchun Township, but the whole Hengchun Peninsula and even all the Pingtung County. Since Pingtung is our root, all the descendants must know how our ancestors struggled to survive; no matter what ethnicity you belong to, whether you are Hakka, Hollo or the Indigenous, you have all become the Pingtung people. For Brother Min-shiun and me, both of us, as locals, have witnessed the poverties and difficulties of life in Pingtung. Looking back at our childhood, how bare our home was, where there was even no electricity; the houses were made of thatches without foundations, so that they would gradually sink over time. Whenever there were guests in the house, we had to particularly remind them that "be careful about your head," and "be careful not to hit the beam." My father was an honest guy, making a living on fishing; however, he didn't even have a working fishing-net, and so every time he went out into the sea to fish, he could but end up returning empty-handed.

After I graduated from elementary school, my teachers encouraged me to further my studies, but due to being unable to pay the tuition, I could not continue my education. At the age about fifteen or sixteen, I went alone to Taipei to try my fortune, and to directly learn and train myself in all social situations. However, in my young adulthood, a sense of inadequacy always lingered on my mind about not being able to continue my education; as a result, I made up my mind to comprehensively improve myself; as long as I had spare time, I would read all kinds of books and seize the opportunity to take classes in the cram school .... With God's blessing, my hard work eventually paid off; I successfully passed the exam to obtain the certificate for Level A Technician for Freezing and Air-conditioning Installation and Repair, and then due to this certificate, I was conferred a qualification diploma equivalent to that of graduating from the Electrical Engineering Department of a Technical Academy. This was a dream come true—I finally got rid of that sense of regret about being "a hands-stained technician" with low education qualification. Looking back at my childhood, I know all the burden of the family was on the shoulder of my elder sister, and that is why I would be forever grateful to her. Although she did not receive school education, for us, she was always the extremely important backbone and pillar; she did make a huge contribution to the economy of our family.

As a member of our hometown association, I was so lucky to get acquainted with Brother Min-shiun. He is a guy who always gives it all, executes flexibility, and is an incredible doer.

During his tenure as deputy director general, we started to collaborate so closely, spending a lot of time discussing how to reform the Pingtung Association, so as to invite more and more people to participate. We often get together to promote some charity projects, such as offering scholarships for children in need, encouraging them to pursue academic excellence, so that they can repay the society in the future. In addition, we do invest a lot in terms of education, particularly for cultivating children's character and improving their English proficiency. Both Brother Min-hsiun and I believe that education is very important, and that it is supposed to be one-hundred-year-long fundamental project. We must get our children to cherish all the warmth given by others, and enlighten them to behave positively to repay the society.

In the past, although I have heard many times about Brother Min-hsin's wish to write a book about our hometown Hengchun, I never expected that he would actually carry out such a wish! In addition to feeling so happy for him, I also hope this book can serve as a bridge for all our common memories, enabling all of us to get closer to one another, and to further feel the warmth of our hometown. From all the connotations between the lines, can all the various affections for our hometown be evoked, and thus enable more people to voluntarily express their support for our hometown through actions.

Moreover, I also expect this book can get more people to realize the life stories in Hengchun, to be aware of our history and our culture on this land. By means of the book's introduction and description, we hope we can attract more people to visit Hengchun, so that they can experience the unique landscape and atmosphere of Hengchun, and simultaneously facilitate the local developments.

Most importantly, I hope this book can initiate a new beginning, allowing Hengchun to once again glitter on the stage of Taiwan, becoming the next focus of international tourism and collaboration. There really exists a huge talent pool in Pingtung, reserving limitless potential; as long as we can turn to depend on our own efforts, exert our influences in every field, and do what we can for this land, we will surely make Hengchun Peninsula radiate and resonate, becoming Taiwan's pride while Taiwan is moving into the world's forefront.

Kuo Sung-lin was born in Nanpin Village, Donggang Township, Pingtung County. He left his hometown when young, working as an apprentice for repairing air conditioning; with the tenacious spirit and the professionalism of being "a hands-stained technician," he worked unbelievably hard to start his own business. Currently, he is the president of Yi Chang Air Condition Engineering Co. Ltd., and also serves as the director general of Pingtung County Association in Taipei City.

推薦序 3

將我們的鄉情記憶，代代傳述下去

—吳俊德

眾所周知，恆春是一個非常美麗的地方，而拜讀王敏勳理事長所著《國境之南・永恆春日》一書，書中詳述了恆春半島的地形景觀、自然生態、人文歷史、風土民俗……讀後更覺恆春之美，實可比肩甚至凌駕於世界各地風景名勝。我認為此書不僅是暢遊恆春半島的最佳導覽，亦可做為研究恆春半島人文歷史的重要參考指南。

在國境之南，有永恆春日美名的恆春，這裡是風的起點，也是海岸線的終點，以其燦爛陽光、豐富生態、優美景緻、人文風土、特色美食，引發了近年來的觀光熱潮，知名景點不勝枚舉，例如：墾丁國家公園、台灣八景之一的鵝鑾鼻燈塔、國家保護區的龍坑、全省唯二的白沙灣、北門搶孤盛會、台灣熱能供應主軸核三廠、供應恆春的牡丹水庫、奇妙自然景觀風吹沙及出火……組構出一幅最迷人的半島風情，每年都能吸引大約五百萬海內外觀光客到訪。

對比早年的恆春半島地區，因為土地貧瘠、山多田少、交通不便、就業無所，因此多數年輕族群只能選擇北漂，寄身大都會地區以謀求生計，一如王理事長般，赤手空拳北上奮鬥。而這群旅居台北的異鄉遊子，在思鄉之餘，便自發性的共組「恆春旅北同鄉會」，於每年一次的年會中互相噓寒問暖，藉此撫慰鄉情，並以《恆春人》為名出版刊物，發行春、夏、秋三季刊，因為恆春沒有冬天，故改以年刊應和。日後為擴大服務層面，在黃茂德賢長的奔走下，籌組成立「台北市恆春古城文化推展協會」，以宣揚恆春半島文化為宗旨，並匯集眾人力量，聚沙成塔，以期造福鄉親、回饋鄉里。

期間，協會經各屆理事長之共同努力，已立下良好丕基。待王理事長接任後，更是以承先啟後、繼往開來的精神，發揚協會優良典範，擴大服務內容，展現出其雄才大略的胸襟、高瞻遠矚的見識、拼命三郎的幹勁，日夜匪懈，全心全力投入於會務推展工作。

去年，協會舉辦了「百桌鄉親聯誼宴」、「恆春地區九九重陽敬老」、「恆春地區扶幼愛心貢獻」、「恆春學童快樂學習計畫」…等重大活動；今年，亦將推動「台灣八大古城論壇」、「恆春古城一百五十週年慶」、「籌建恆春古化石館」等大型計畫。而在王理事長任內，所要完成最富挑戰性、也最艱鉅的任務之一，就是經年造訪鄉賢、遊歷半島各處，完成以下三卷恆春系列套書：

卷一《國境之南》：帶大家走入國境之南，細數恆春歷史軌跡與人文風土脈絡。

卷二《在地之光》：介紹在地奇人高手，看他們如何成為永續傳承的恆春之光。

卷三《幸福尋味》：走訪當地美食美景，體會：最是幸福滋味，最是耐人尋味。

一座城市，就是一部歷史，充滿了一篇篇動人的故事。而王理事長以其豐富閱歷及生花妙筆，是最適合擔綱這個說故事的人。遙想恆春這座古城，早年因政治和外交上的攻防折衝，曾多次上演國際戰爭，留下許多不可抹滅的歷史印記；在鵝鑾鼻附近，台大考古學者曾發掘出數千年的古文物，證實恆春半島確有先人居住的文化遺產；恆春近郊太平國小後方，地方賢達林景文老師發掘出貝殼、魚獸齒之骨化石，不僅受到政府文化部的關注重視，世界各地考古學者也紛紛前來一探究竟，印證了恆春半島故事的深遠久長。

《易經》有言：「觀乎人文，以化成天下。」雖然「人文」是無形的，卻可以做到「化成天下」，不但改變個人命運，甚至能夠改變天下。由此可見，文化雖然無形，但價值極大，遠遠超過有形。恆春半島文化的維護和推展，是協會任重道遠的使命，有賴於政府當局扶助及有志人士的支持投入，才能發揚得更為光大，更加璀璨。同時，也衷心祝福王理事長的《國境之南．永恆春日》新書，能夠廣為流傳，被更多人閱讀、喜愛、分享，相信這會對恆春文化的發揚帶來極大幫助，能將這塊土地的故事、將我們的鄉情記憶，代代傳述下去，直到永遠！

吳俊德，一九四二年生於恆春，國小畢業後北上就學就業，時常往返恆春收集故鄉音訊，編輯專刊，以饗旅北鄉親。經歷：恆春國小校友會副會長、恆春旅北同鄉會會長、西門獅子會會長（一九九五—一九九六）、恆春古城文化推展協會總幹事、《恆春人》刊物主編。

Our hometown affections and memories, pass on from generation to generation.

by Wu Jun-de

As it is well-known, Hengchun is a very beautiful place. However, after reading Southern Sovereignty: Spring Eternity, written by Executive Director Wang Min-shiun, which comprehensively covers Hengchun Peninsula's landscapes, natural ecology, history, humanities and local customs, I turned to be more keenly aware of the beauty of Hengchun, believing it is parallel to or even superior to all the scenic attractions around the world. I think the book can not only serve as the best guidebook for travelling around Hengchun Peninsula, but can also be used as the important reference when researching the history and humanities of Hengchun Peninsula.

As the southern-most tip of the country, well-reputed for its eternal spring weather, Hengchun is the starting point of the wind as well as the final destination of the coast; with the amazing sunshine, abundant ecology, charming landscapes, local humanities and unique delicacies, Hengchun in recent years has triggered the craze of tourism; the list of its scenic attractions can be endless, such as: Kenting National Park; one of Taiwan's Eight Wonders—Eluanbi Lighthouse; Longken in the National Reserve Area; one of Taiwan's only two White Sand Bays; North Gate Pole Ghost-grabbing Festival; Taiwan's Core Power Generator the Third Nuclear Power Plant; Mudan Reservoir—the source of Hengchun's water supply; the natural wonders—the Katabatic Wind Sand-fall and the Earth Fire.... All these contribute to creating one of the most fantastic peninsula lifestyles, attracting more than five million tourists every year, both from Taiwan and from abroad.

Compared to the earlier Hengchun Peninsula, due to the land's barrenness, being mountainous and lacking fertile land, without transportation infrastructure and without job prospect, most young people could only choose to migrate northwards, trying to make a living in the urban area, just like what Executive Director Wang had done, single-handedly moving northwards to seek their fortune. While these migrants, being so homesick, started to voluntarily organize "Hengchun Association in the North;" they affectionately greeted and consoled one another during the annual meeting; at the same time, they published the spring, summer and autumn issues of "Hengchun Locals," just because there is no winter in Hengchun, and consequently, they ended up publishing only annually. Afterwards, in order to expand the social services, under the guidance of their senior mentor Huang Mao-de, they established "Hengchun Old Town Cultural Promotion Association of Taipei City," aiming to promote the culture of Hengchun Peninsula, and to gather everyone's strength, bit by bit, so as to repay the hometown and to boost the well-being of the hometown people.

Over all the years, with the common efforts of all the executive directors successively, the association has built up a very solid foundation. As soon as Mr. Wang took over the position of the executive director, he not only carried on all the conventional practices, but opened new territories, sticking to the association's high standards, and further expanding the scope of social services; with the high-achiever's mentality and with his forward-looking insights, he whole-heartedly dedicated himself, working tirelessly day and night, to promoting the association's missions.

Last year, the association held such important events as "One Hundred Table Banquet for Hometown Folks," "Seniority Festival in Hengchun," "Charity for Kids in Hengchun," "Happy Learning Project for School Kids in Hengchun." This year, the association is going to host such big projects as "Forum for Taiwan's Eight Ancient Cities," "One-Hundred-and-Fifty-Year-Old Anniversary for Hengchun Old Town," "Preparation for Building the Museum of Hengchun Antique Fossils." However, during his tenure, having interviewed so many hometown seniors and probed into all the corners of Hengchun, for Executive Director Wang, the most challenging and the most difficult task is to carry out the publication of the following trilogy of Hengchun: Volume One Southern Sovereignty: guiding everyone to visit the south of the country, and to investigate the historical legacies and local humanities of Hengchun.

Volume Two Prides of Our Hometown: introducing the legendary figures, and how they achieved and passed on the prides of Hengchun.
Volume Three Quest for Nostalgic Happiness: tasting the local delicacies and the local sceneries, getting to realize: the more nostalgic the happiness, the more irresistible the quest.

A city exactly means a book of history, filled with an endless series of moving stories. Executive Director Wang, with tons of life experiences and incredible literary creativity, is surely to be the most appropriate story-teller. Through a long view of this ancient Hengchun City, due to the earlier political and diplomatic conflicts, Hengchun had been several times involved in the international wars, leaving many indelible historical marks behind. In the area near Eluanbi, archaeologists from National Taiwan University had excavated thousandsyear-old antique relics, proving that there were indigenous people inhabiting Hengchun Peninsula; behind the Taiping Elementary School in Hengchun's suburbs, Lin Jing-wen, a teacher and a local guru, had unearthed shells, bone fossils of fish and animal teeth, not only earning the recognition of the government cultural agencies, but also attracting the attention of the archaeologists from around the world, all of which confirms the in-depth significance of Hengchun Peninsula stories.

I Ching states: "Observing humanities, so as to universally transform the world." Even though "humanities" are intangible, they can succeed in "universally transforming the world," not only able to change the destiny of an individual, but also that of the whole world. Hence, even though culture is intangible, its value is infinite, beyond all the measure of the tangible. The maintenance and the promotion of Hengchun Peninsula culture has always been the mission of our association, while it also lies in the local government's assistance and all the volunteers' dedication, in order that it can really further shine and glitter. At the same time, I sincerely wish Executive Director Wang's book, Southern Sovereignty: Spring Eternity, be widely circulated, winning more people to read, like and share; I believe it will thus significantly contribute to promoting Hengchun Peninsula's culture, enabling the life stories of this land and our hometown memories, to be passed on, ever and forever!

Wu Jun-de was born in Hengchun in 1942. After graduating from the elementary school, he migrated northwards for further studies and pursuing career. He frequently travelled back to Hengchun to collect the real-time occurrences, editing and publishing them for Hengchun locals living and working in the north. His profile: Vice President of Hengchun Elementary School Alumni Association, President of Hengchun Association in the North, President of Ximen Lions Club (1995-1996), Director General of the Hengchun Old Town Cultural Promotion Association, and the editor-in-chief of Hengchun Locals.

自序

寫一本故鄉的書，永續恆春之美

王敏勳

恆春的陽光猶如母親的懷抱，不論經過多少風雨，依然都是外出遊子最溫暖的避風港，永遠都有著最無可取代的故鄉情、故鄉味。回想起我們成長的時代，貧窮似乎是這片海邊土地的代名詞。每個恆春的孩子，都有著相似的夢想，就是希望能夠待在父母身旁，享受闔家團聚的溫暖與幸福。但現實卻是殘酷的，貧困讓我們無法憧憬家鄉的未來，找不到前進的方向，因此我和許多同鄉一樣，選擇了北上，選擇離開，為了未來的夢想而奮鬥打拚。

然而離鄉背井，並不代表我們忘記了根，相反地，我們更加珍惜家鄉的一切，於是我們自發性的團結在一起，在生活上互相扶持，在情感上互為依靠，串連起眾人的力量，一起推動各種能促進故鄉發展的計畫。而每次回到恆春，看著熟悉的故鄉故土，我的內心總是忍不住熱血澎湃，總會想著：「這裡是我的故鄉，我能夠為她做些什麼？」一想回饋恆春的願景太偉大，但我個人所能做的卻很有限，可是我相信：「一個人的力量或許很渺小，但是當我們團結在一起時，這份力量就會變得無窮無盡，就能夠成就天底下最偉大的夢想！」

作為台北市恆春古城文化推展協會理事長，我努力的將故鄉的文化復興與推廣理念，融入到各項地方公益活動當中。近年來，在各界先賢支持下，開辦了「國際半島論壇」、「地方急難救助」、「九九重陽敬老」、「快樂學習學童課後關懷輔導」……等重要活動，也將與出身恆春的林博文校長和台北市政府攜手合作，推動一系列跨領域發展的前瞻計畫。我認為透過傳揚恆春的故事，一定可以吸引到更多人的關注和參與，共同來關心這片土地的發展，以實際行動幫助地方，關懷鄉里間的每一個人。

而撰寫一本故鄉的書，一直是我的心願，但是該如何寫起，卻是千頭萬緒。就在苦思不得其法之際，所幸多年好友，也是已故國內易經泰斗曾仕強教授的傳人陳祈廷老師即時出現，她在深入瞭解我的想法後，不僅提供諸多專業建議，甚至動員團隊力量、結合各方資源，大力促成了本書的出版，並且鼓勵我：「這麼有文化意義的書，這麼動人的恆春故事，一本不夠看，至少要寫三本才行！」……想不到行動派的她，並非隨口一說，居然認真的陪著我討論、選材、規劃，以超高效率擬訂出後續兩冊恆春專書的出版企畫——從想要寫一本書，變成寫恆春三部曲——我的心願不但成真，而且被放大三倍，變成一套更具完整性的系列叢書，這真的讓我十分驚喜，內心充滿了無法言喻的感動與感謝！

首先在這第一本書中，我想跟大家介紹的是恆春半島的歷史與自然風物。透過敘述恆春數百年來祖先的篳路藍縷，帶領讀者穿越歷史長河，探索追尋這片土地的根源。細數恆春天然珍貴遺跡，講述充滿歷史故事的建築史蹟和莊嚴的寺廟傳說。同時，介紹恆春的三寶（瓊麻、洋蔥、港口茶）和三怪（思想起、落山風、檳榔）帶來的在地傳奇，探究恆春地區戰火與種族的糾結，國家民族的興衰變遷，帶領讀者回到《斯卡羅》劇中的神祕半島，重新認識這片土地充滿戲劇性的歷史恩怨情仇。

而接下來《在地之光》的第二部專書中，我們將追溯百年來改變恆春經濟的達人先賢，揭示恆春經濟發展的軌跡，以及這些前輩對恆春社會和文化所帶來的影響。最後在以《幸福尋味》為主題的第三部專書中，我將化身在地導遊，邀集最活潑的一群年輕人一同暢遊恆春，帶領讀者遍覽當地的每個角落，品味這片土地獨特的風土人情和文化魅力。同時，也將介紹恆春的特色美食和旅遊景點，看看近年來縣政建設與產業發展帶給恆春的改變。

講到改變，遊子的心情往往是多樣的——有些人是感到失落，看著故鄉的風土人情逐漸變遷，對古老事物的消失充滿不捨；有些人是感到振奮，因為看到故鄉的進步和發展，對此充滿希望與期待；而我個人，則是深切感受到了承擔的責任。我願意為故鄉的未來貢獻一份力量，無論是在異地還是在家鄉，都將永遠堅守著對恆春的熱愛和眷戀。

在我心中，恆春是一個值得尊敬的名字，因為這裡是我的家，是我的根；是我的最初，也會是我的最後。願《國境之南 • 永恆春日》的出版，能為文化薪火相傳略盡綿薄之力，引燃大家對故鄉故土的熱愛之情，凝聚所有重視恆春、關注恆春的好朋友的心念，在政府單位、各界屏東先賢與文史工作者的努力之下，重現恆春榮光，永續恆春之美。

A book about a hometown, about the eternity and the beauty of Hengchun

by Wang Min-shiun

The sunshine of Hengchun is always like a mother's arms; no matter how many stormy weathers we have been through, it always exerts like the warmest sanctuary, endlessly providing us, the wandering migrants, with the irreplaceable hometown affections and hometown flavors. When recalling the memories of our growing up, it seemed that poverty was the pronoun of this seaside land. All the Hengchun kids had the similar dream; that is, they wanted to stay and live around their parents, enjoying the affections and happiness of the united family. However, reality was cruel; poverty blocked us from seeing any prospect of our hometown future, leaving us with no direction to move forward; therefore, I and many hometown fellows chose to migrate northwards; we decided to leave because we wanted to pursue and to work as hard as possible for a future dream.

Nevertheless, leaving hometown does not mean that we have forgotten out roots; instead, we turn to even more cherish everything about our hometown; hence, we voluntarily become united, supporting one another in every aspect of life, and since we are so affectionately attached to one another that we turn to mobilize everyone's strengths, working together on various projects to promote the development of our hometown. Every time when returning to Hengchun, looking at the familiar hometown and homeland, I cannot but feel passionately excited, irresistibly thinking: "This is my hometown; what could I do for her?" The vision for doing something in return for Hengchun is so grand, while what I can do is only limited, but I believe: "A person's strength may be very little, but if we are united and work together, the strength will become limitless, able to achieve the grandest dream in the world!"

As the Director General of Hengchun Old Town Cultural Promotion Association of Taipei City, I try to incorporate the revival and development of our hometown culture into all the various local charity activities. In recent years, with the support of the mentors from all walks of life, we have launched such events as "the International Peninsula Forum," "Local Emergency Aid," "Seniority Festivals" and "After-school Sessions of Happy Learning and Counselling for School Kids;" in addition, we are going to collaborate with the school principal Lin Bowen, also born in Hengchun, and the Taipei City government to hold a series of interdisciplinary, forward-looking projects. I believe that by promoting the life stories of Hengchun, we will surely attract more and more people's attention and participation, making them willing to jointly care about the development of Hengchun, and to actually take actions to assist and care for everyone in the local community.

Even though writing a book about my hometown has long been my wish, how to start writing it appeared to be overwhelmingly complex. Fortunately, just as I was totally at a loss about finding a solution, my old friend Chen Chi-ting, the heiress of the late I Ching master Professor Zeng Shiqiang, showed up at the right time; after having conducted an in-depth communication with me, she not only professionally made many suggestions, but mobilized the power of the team, coordinated various resources and did everything to enable the publication of the book. She even encouraged me: "How culturally significant such a book; how touching such a series of Hengchun stories. One book is not enough; you need to at least write three books!" Surprisingly, instead of just casual empty talk, she, as a proactive person, started to seriously discuss with me, selecting materials and over-efficiently planning for the publication of the next two books. From wishing to write a book to ending up with a trilogy of Hengchun, my wish has not only come true, but been tripled; the wish has been transformed into a more comprehensive book series. Indeed, how surprised, how moved and how indescribably grateful I am.

First in Volume One, I want to introduce the history and the geography of the Hengchun Peninsula, through centuries-long ordeals of our ancestors, guiding the readers to cross the historical long river to explore the origins of the land. All the precious natural sites, all the buildings of historical significance and all the legends of magnificent temples are to be meticulously depicted. Besides, it also covers the legends of Hengchun's three treasures (Agave sisalana, onion and Port Tea) and Hemgchun's three eccentricities (Si Xiang Qi, katabatic wind and betel nuts), probing into the regional wars and ethnic conflicts, the rising and the falling of races, in order that the readers can re-visit the enigmatic peninsula in TV series "Seqalu: Formosa," getting to re-experience the dramatically historical glories and grievances.

Next in Volume Two Prides of Our Hometown, we will track the historical figures who have transformed Hengchun's economy over the past one hundred years, so as to reveal how Hengchun's economy has been evolving, and what kind of impact these predecessors have brought upon Hengchun's society and culture. Finally in Volume Three Quest for Nostalgic Happiness, I will transform myself into a local tour guide, inviting a group of the most exuberant young people to take an in-depth tour around Hengchun, synchronically guiding the readers to sightsee every local scenic corner, and to taste the unique flavors of this land's local humanities and cultural charisma. Also, we will introduce Hengchun's feature delicacies and spots of tourist attraction, witnessing all the changes brought about by the county government's efforts and the industrial developments.

When it comes to change, responses vary among those who have migrated away from the hometown—some feel lost, gazing at the shifting of the local humanities, fully lamenting about the disappearance of antiquities and customs, while others feel cheered, since they notice the progress and development of the hometown, which brings them hope and anticipation; for myself, I deeply feel the responsibility I need to take. I am always willing to make some contributions to the future of the hometown; whether being away or staying at the hometown, my passion and my nostalgia for Hengchun forever persist.

Deep down in my heart, Hengchun is always a name worthy of respect; it is simply because Hengchun is my home, my root, my beginning, and would also be my finale. May the publication of Southern Sovereignty: Spring Eternity humbly contribute to the passing-on of the cultural torches, igniting everybody's love for the hometown and the homeland, in order that, combined with the efforts of the official departments, the mentors and the local historical scholars in Pingtung County, we can rally the will power of all the good friends who value and care about Hengchun, to enable the re-emergence of Hengchun's glory, and to eternalize the beauty of Hengchun.

目錄

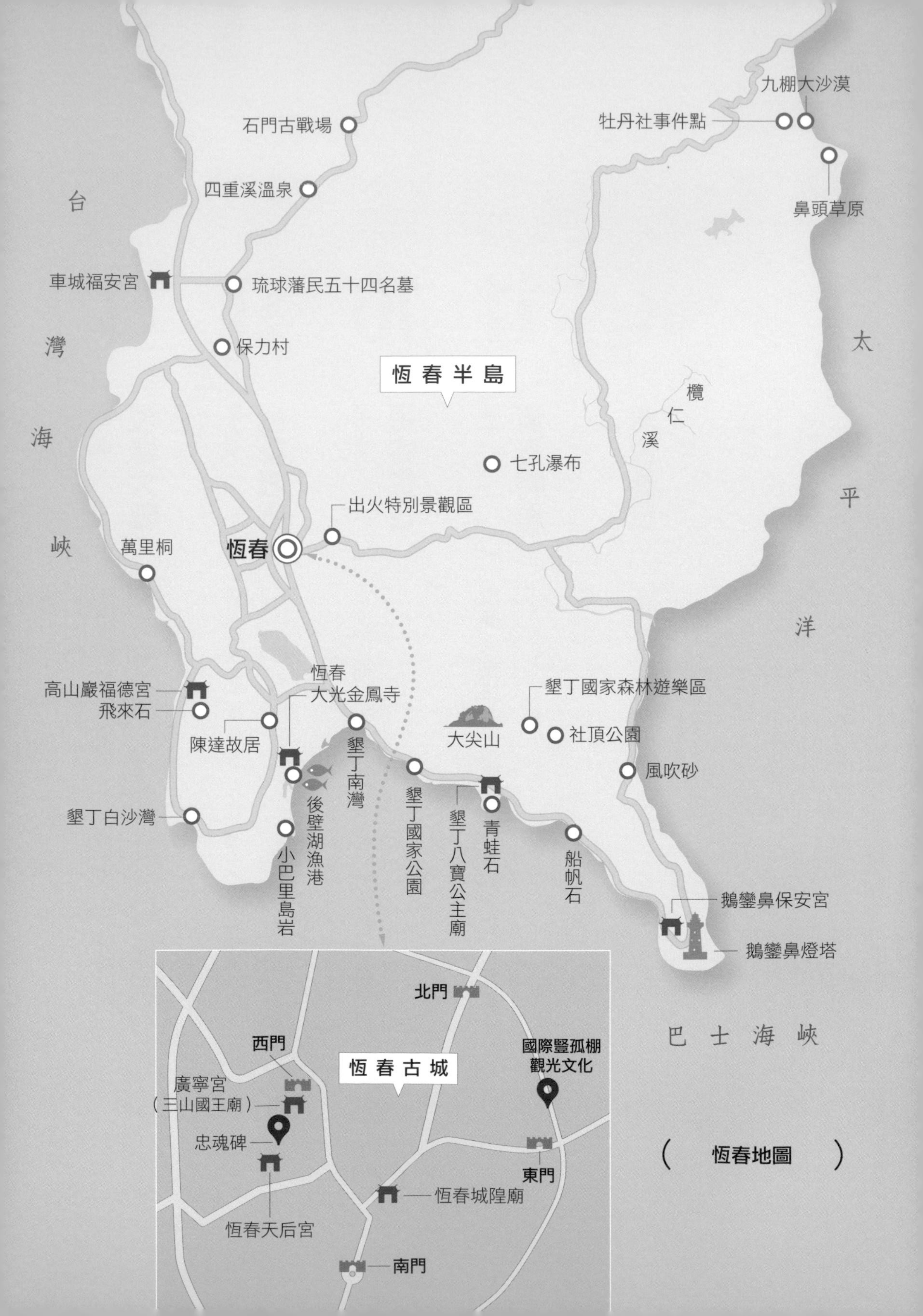

台灣海峽
太平洋
巴士海峽
九棚大沙漠
牡丹社事件點
鼻頭草原
石門古戰場
四重溪溫泉
車城福安宮
琉球藩民五十四名墓
保力村
恆春半島
欖仁溪
七孔瀑布
出火特別景觀區
萬里桐
恆春
高山巖福德宮
飛來石
陳達故居
恆春
大光金鳳寺
墾丁國家森林遊樂區
大尖山
社頂公園
風吹砂
墾丁南灣
後壁湖漁港
小巴里島岩
墾丁白沙灣
墾丁國家公園
墾丁八寶公主廟
青蛙石
船帆石
鵝鑾鼻保安宮
鵝鑾鼻燈塔
北門
西門
恆春古城
國際暨孤棚
觀光文化
廣寧宮
（三山國王廟）
忠魂碑
東門
恆春天后宮
恆春城隍廟
南門

（　恆春地圖　）

Southern
Sovereignty:
Spring Eternity

Chapter

第一章

1

起程恆春

恆春半島的奇幻之旅，
嵐山蔚海的優勝美地

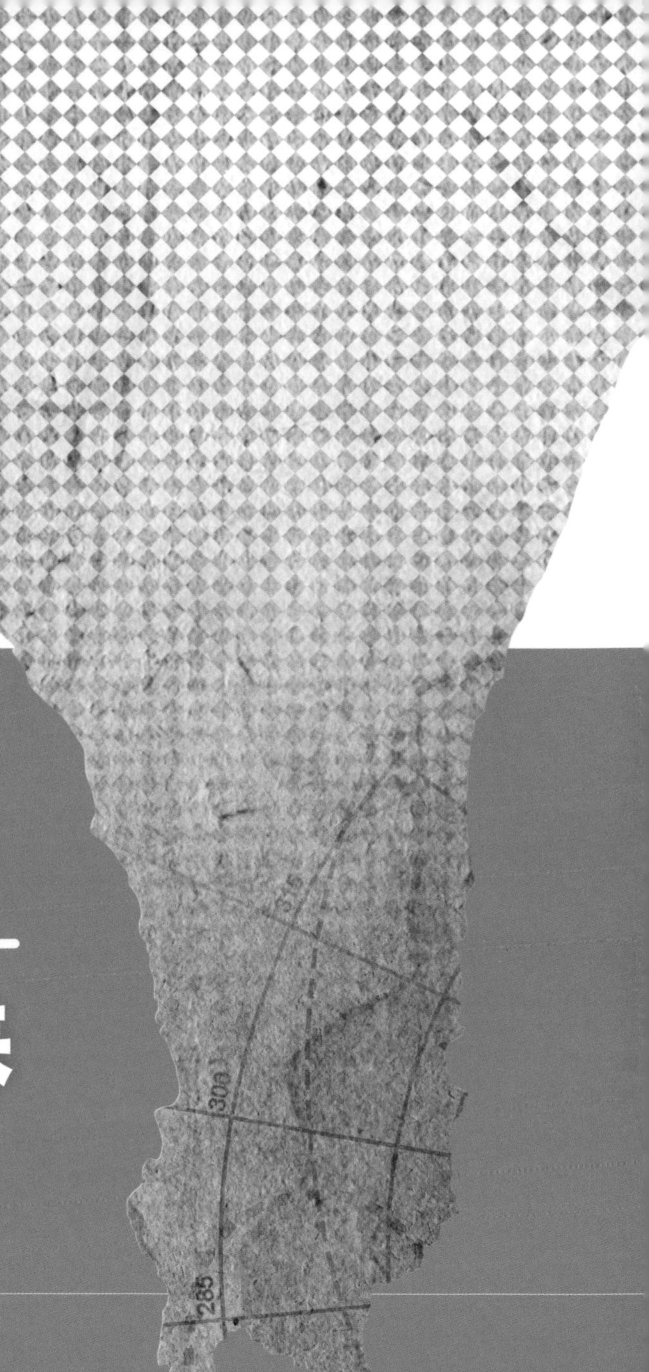

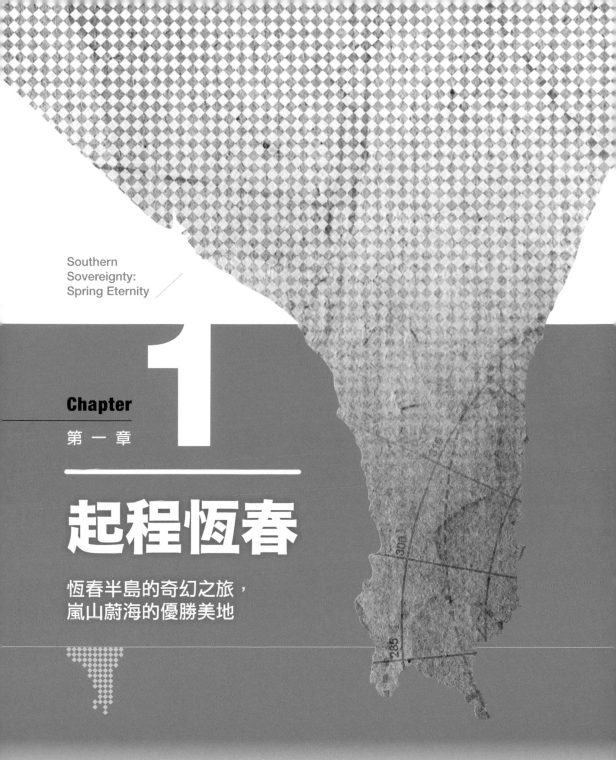

我是王敏勳，是一個為了生存而不得不北漂的恆春囡仔。

當時的恆春稱不上是一個繁榮的地方，因此我在十多歲時就離家北上打拼，至今已四十多年。我毅然離開了心疼我的父母家人，一路從基層做起，成就自己的事業。當以前科技並不發達，沒有手機可隨時與雙親視訊，也沒有高鐵能夠一日往返南北。每一次千里迢迢的回鄉探望父母，總見兩老鬢邊，多了些蒼蒼白髮。

我的出身與我的奮鬥故事，代表了我們那一代的恆春子弟們，不得不離鄉背井的心情，當時的我們有多麼地恐懼與茫然。如今當年的青春少年郎，已經步入人生的下半場，然而恆春的美麗自然風光卻從未改變。

王敏勳與恆春的海邊

墾丁美麗的沙灘

在四季如春的恆春半島上，「美不勝收」已經不足以形容蔚海藍天的旖旎風光。恆春是一個充滿白浪沙灘與南洋風情、各式的風味小吃休閒遊憩的旅遊勝地。旅客口中的恆春，是有著無數的奇幻地形的墾丁國家公園，他們印象中的恆春，不僅有強勁的落山風、絢麗的珊瑚礁海岸、起伏的小山和大片的平原，更因為獨天得厚的南岬弧線而有綿延不絕的海岸線，不僅如此，在一望無際的林間海裡，我的故鄉恆春與墾丁更有許多不為人知的歷史時光與傑出的人才。

身為恆春古城文化協會理事長的我，將帶領大家進行一趟深度的恆春半島奇幻之旅。

一・屏東風光，恆春之美

恆春鎮位在屏東縣境內，它的東邊是太平洋，西邊是臺灣海峽，南邊為巴士海峽。整個面積約一百三十六平方公里，人口就只有三萬多人。這麼迷你又迷人的小鎮，到一九四六年一月十六日才真正變成屏東縣的一個鎮。今日的恆春鎮分成了十七個里，包括城南、城北、城西、山腳、網紗、仁壽、茄湖、頭溝、四溝、德和、龍水、大光、山海、水泉、南灣、墾丁以及鵝鑾，每個里都有著自己的小故事和在地的小小祕密。

而我在本書中說的是較大範圍的恆春，也就是大家印象中的「恆春半島」。恆春半島的範圍大致包含屏東縣的獅子鄉、枋山鄉、車城鄉、恆春鎮、滿州鄉、牡丹鄉。

上／下
墾丁白沙灣

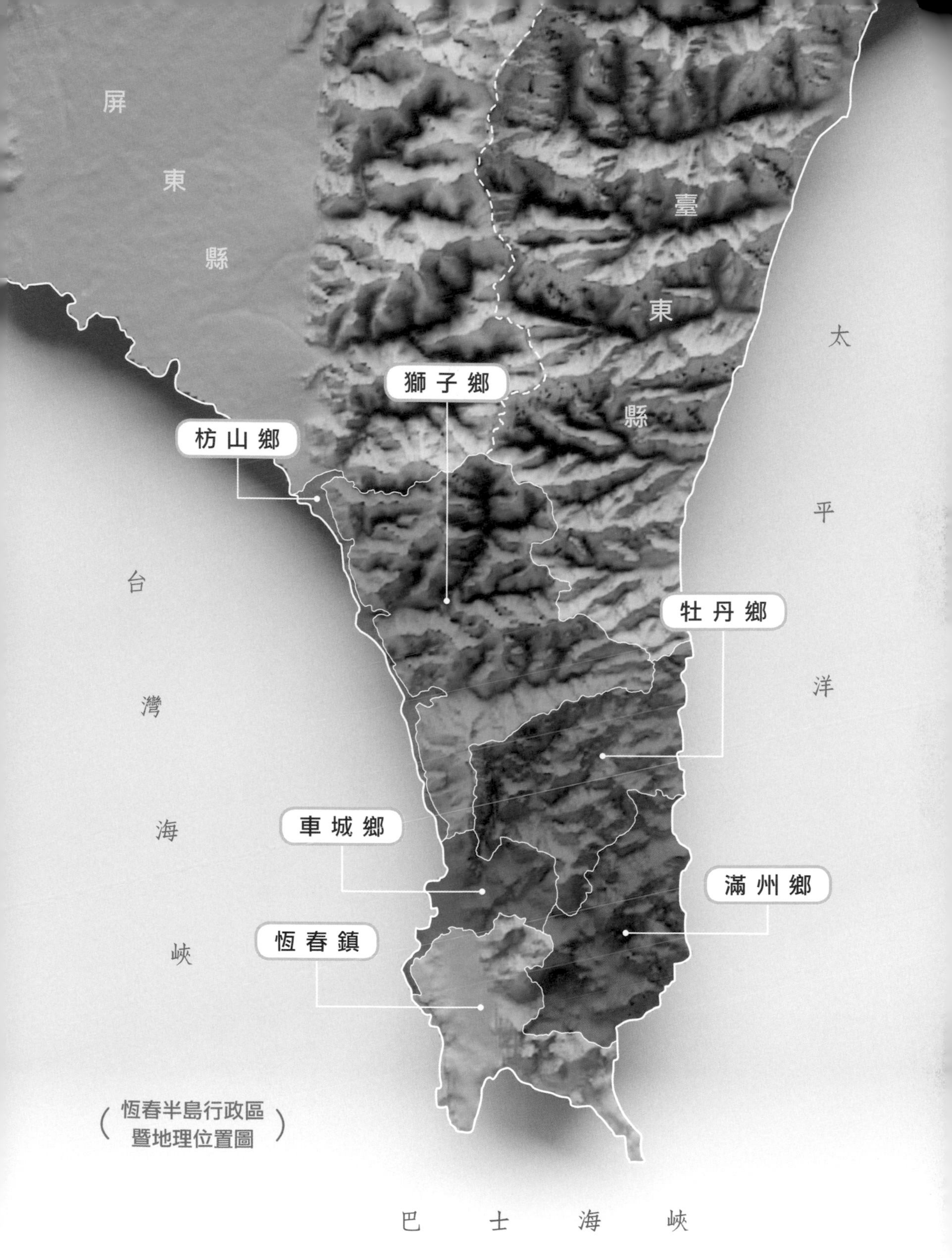

（恆春半島行政區暨地理位置圖）

四季如春，雨水豐沛的南島氣候

我總說恆春的天氣好像很會吃醋的漂亮女生，每當夏天來臨時，雨水下得毫不客氣，說來就來，說走就走。從九月開始，當北方的東北季風南下，穿越擋在前方的山丘，因中央山脈在恆春半島處陡低至四百至一千公尺左右，而產生了每年九月至隔年三月的「落山風」，颳得整個恆春地區呼呼大叫。一八九〇年代的清朝《恆春縣志》曾記載過這股怪風。有一句說是「自重陽以至清明，東北大風，俗謂之落山風」。就是說這個落山風晝夜怒號，鬼哭神號，有時候還會持續個三、四天，甚至長達五、六天。

有趣的是，一旦這風停了，從六、七月左右開始，南洋上的低氣壓就活躍起來，呂宋島一代就有北轉的颱風過來作威作福。特別是那些從臺灣海峽進來的西南颱，總是給臺灣西南部和西部地區帶來不少豪雨災害。

喀斯特地形，鐘乳石洞處處可見

風光秀麗的恆春半島三面環海，好似一個母親用溫暖無比的海水環抱著孩子。有時，我在故鄉的海邊，面對一望無際的大海，我不禁感嘆何其有幸能在這麼美麗的地方長大。但我的故鄉還有一些不為眾人熟知的天然寶藏，請跟著我的腳步，探訪恆春墾丁的天然之美。

● 石筍

以前地理課本所提過的「喀斯特地形」是恆春獨有的地理寶藏。「喀斯特地形」在學界上是指地表下的溶蝕地形，半島的地下河流侵蝕出的大小溶蝕洞都有自己的個性，沒有一個形狀會一模一樣。喀斯特地形上佈滿了許多石筍及石鐘乳，好似魔法電影中的仙境，讓人對自然界的鬼斧神工，嘖嘖稱奇。

風吹的史蹟，鎮守邊疆的奇麟巨石

恆春半島的歷史，最早可追溯到五千年前，甚至更久，相傳有國內外的考古學家在此挖掘出不少寶藏，還發現新舊石器文化的古老遺跡。

這麼說來，恆春也是人類文明的發源地之一嗎？

根據歷史考古學家的研究發現，在數千年後出現了現在的恆春原住民，東海岸的排灣族、恆春阿美族，以及西海岸的馬卡道（平埔族）的祖先。大約四百年前，福建沿海的移民和客家人為了追求更好的生活，冒險跨越海洋來到臺灣，漸漸在恆春半島形成了聚落。

在地理專家眼裡，恆春谷地是一條長十一公里、寬二點五公里的狹長谷底，由恆春斷層形成。在谷底有一個特別的地方叫做關山，據說三萬年前這裡還在海底下。山頂上有一塊古老的超大型巨石，當地人稱之為『飛來石』。老一輩的傳說中，這塊壯觀的石頭是從菲律賓飛過來的，但實際上，這飛來石是由隆起的珊

右頁上 鐘乳／右頁下 石流石

瑚礁岩經過上萬年的侵蝕而形成的，飛來石成為了當地的奇談。站在這裡，你可以欣賞到全恆春最美的關山夕照，還能看到恆春地區最早建立的土地公廟。

恆春墾丁最出名的貓鼻頭，吸引許多國內外的觀光客來此拍照留念。話說很久很久以前，有一顆珊瑚礁岩不知怎麼地從海崖上掉下來，剛好就卡在現在的位置。經過萬千百年的風吹浪打，這岩石就慢慢地被侵蝕成一隻形狀奇特而且望海的貓，就像菩薩派了一隻貓將軍守在海邊一樣。

上 福靈龜／下 貓鼻頭裙礁／右 王敏勳與飛來石

上 貓鼻頭／下 貓鼻頭崩崖

這隻貓就像門神一樣，默默地守護著南岬之地，默默地注視著巴士海峽，看護著一代又一代於這片海域生活、捕魚、運輸的恆春子民。從地理上來說，貓鼻頭可是臺灣海峽和巴士海峽的分界點哦！它和鵝鑾鼻一起形成了臺灣最南端的兩個端點。在這最南端點的地理的交會處，澎湃海峽間海水激盪出的潮汐聲，讓人不禁對大自然的創造力感到敬畏。

二．恆春之母：黑潮洋流

我回到故鄉恆春時，認識了不少當地的研究者，記得有專家說過，黑潮是太平洋裡的一條非常重要的洋流，也是全世界的第二大洋流。黑潮並非是海水變黑，或是有什麼特殊藻類使它變黑。出乎意料地，原來黑潮是一條乾淨到不能再乾淨的水潮，因光線被海水吸收後讓海水呈現深藍色，才被稱為黑潮。黑潮它的

恆春漁獲

流速很快，對洄游性魚類和其他海洋生物的棲息地遷移產生很大的影響。

黑潮從臺灣南邊與東邊經過，一小部份進入臺灣海峽，另一部分順著東海岸流向遠方的琉球、四國和本州。黑潮不僅影響氣候，還給海洋生態及流經的島嶼上帶來了滿滿的禮物。因為黑潮是由低緯度的熱帶向高緯度的寒帶流，所以是個

● 曬飛魚乾

溫暖的暖流，它的年平均水溫可保持在攝氏二十四至二十六度左右。冬天來了，黑潮還會北上，讓它流過的這些地方能夠保持著舒適的天氣。

因有黑潮的加持，恆春半島就像是四季如春的仙境一樣，氣候溫暖，溫熱帶水果更是盛產。你可以隨時在恆春墾丁一帶品嚐到各種熱帶水果，整個屏東一帶的生機都是黑潮帶來的賞賜。

我們知道蘭嶼上有達悟族人，我猜想他們可能是南島文化與臺灣島當地人所繁衍的後代子孫，考古專家說，蘭嶼島從四千年以前的繩紋紅陶文化時期，就有來自臺灣島的人前往活動。在三千多年前，臺灣島上的卑南文化人，除了到達蘭嶼和綠島，也可能繼續向南延伸到菲律賓巴丹群島，其移動方式推測是從臺灣藉由黑潮向東南航行。

● 恆春的在欉黃芒果

● 恆春的蓮霧

若從巴丹島順著黑潮往北到蘭嶼，或許相對容易一些，但從蘭嶼逆著黑潮往南航行到巴丹島，卻是相當困難的事情。特別是在數百至數千年前，使用構造簡單的拼接舢舨仔，這些先民究竟是怎麼辦到的呢？

我們連在卑南溪泛舟遇到逆流都人仰馬翻了，沒有航海羅盤，要走那麼遠在古代好像一種買單程票有去無回的旅行……對於熟知海上水性的朋友來說，逆著潮流漂流很有可能會被沖到外海，怎麼划都划不回岸上，實在是相當困難的挑戰。

可見這條黑潮在族群移動上扮演了非常重要的角色。它牽動了綠島、蘭嶼，以及卑南族、阿美族、噶瑪蘭族，甚至凱達格蘭族的海上遷徙和互動。這樣的交流連結著菲律賓的呂宋、巴丹，共同構成了「南島語族體系」。

二〇〇九年那場八八風災過後，山區土石流帶來大量的漂流木，它們漂滿了東海岸的海域。更厲害的是，有人觀察到這些漂流木順著海流向北流，一直漂到了日本鹿兒島附近的東海海域，從臺東到鹿兒島，整條順著黑潮漂流的距離竟然長達一百二十公里。這不只是一般的海流，而是能夠搬運整個地球生態的大型海潮。

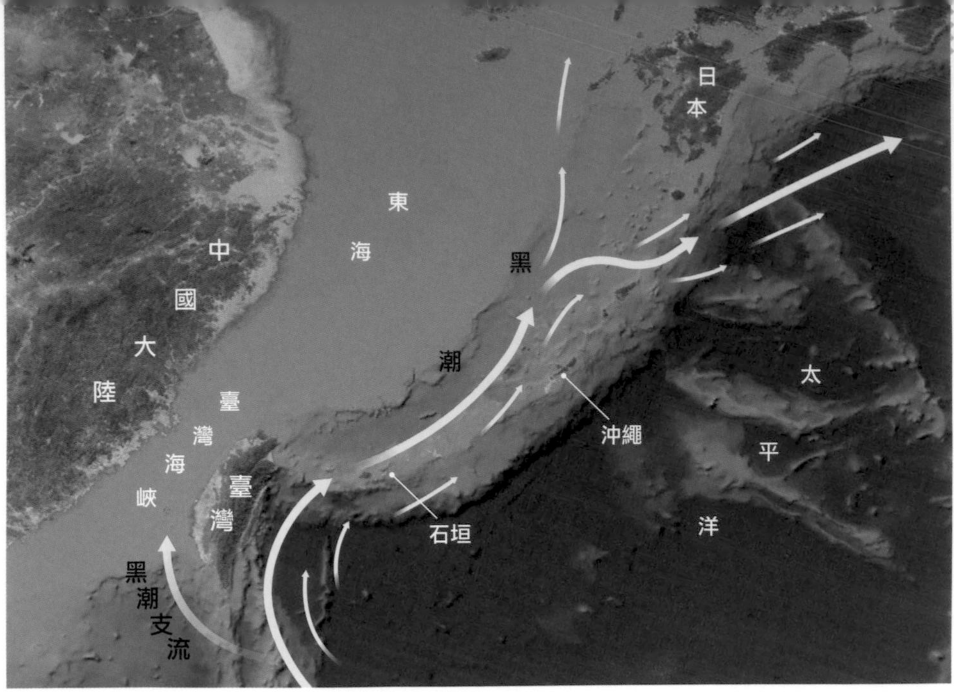

● 琉球群島包含一連串島嶼一共延綿 1200 公里

一台日本相機的漂流傳奇

二〇一八年三月，聽說，臺灣東部蘇澳鎮一位岳明國小的學生周兆恩在淨灘活動時，撿到了一部數位相機。看似平凡無奇的數位相機，經過查證，居然是一名叫椿原世梨的遊客，於二〇一五年九月在日本沖繩縣石垣島潛水時失去的。想不到這相機竟然橫越黑潮海流，整整漂了約兩百公里從石垣島到了臺灣，這有趣的世界奇蹟，讓相機的主人還特地來臺灣參加了岳明國小的畢業典禮，成為日本和臺灣熱議的話題。

印證神力的臺日英勇戰士

聽說之前有個瘋狂的計畫，叫做「跨越黑

潮—復現三萬年前的航海」。在二〇一七年到二〇一九年間，臺灣和日本的五個勇士一同策畫了這場冒險，目標就是想要了解黑潮的神秘歷史。

搞笑的是，一群研究者竟然打算以徒手划槳來橫渡黑潮。你能想像這有多瘋狂與勇敢嗎？就在二〇一九年七月七日下午，五個瘋狂的人從臺東烏石鼻港啟程，在沒有任何儀器和設備的協助下，只靠著徒手划槳竟然成功橫渡黑潮，太有GUTS了！據了解，他們整趟冒險花了四十六小時，終於在日本時間七月九日上午十一點四十八分，英勇地登陸在與那國島的久部良港。

這真是一場拿生命搏鬥的科學大冒險！不僅讓大家了解了黑潮的奧秘，也證明了蘭嶼人確實逆潮而行的事蹟是可能的，這段冒險也彰顯了臺灣和日本之間的緊密歷史聯繫。說不定，兩地的交流比歷史所記載的還更早也說不定呢！

● 跨越黑潮的勇士們

三 · 婀娜生態的海陸樂園

天然而豐富的珊瑚礁群，是恆春一個非常傲人的天然寶藏，據統計，在墾丁的海域中爭奇鬥艷的珊瑚礁就高達三百餘種，更有一千多種可辨識魚類居住於此。聽當地會潛水的朋友說，墾丁的環境與氣候比東北角海岸更勝一籌，幾乎全年可下海尋幽訪密，這也是拜我們溫暖的海水溫度所賜。

美麗軸孔珊瑚

愛護地球，留給陸蟹媽媽一條路走

近年來常聽人呼籲幫助螃蟹過馬路，其實我也是恆春護陸蟹的支持者之一。你知道嗎？恆春半島有全臺灣最獨特的螃蟹珍寶，而恆春的墾丁一帶更有「陸蟹半島」的美譽。

恆春半島的陸蟹種類就佔全臺灣陸蟹的八成。在墾丁香蕉灣一帶，陸蟹媽媽會在每年五月到十一月，選擇在月圓到

板葉千孔珊瑚

新月之間從內陸緩緩跋山涉水到海邊釋卵。但因過度開墾將原本的產卵路線變成了柏油路，辛苦的陸蟹媽媽要背著蛋跨越道路，所以時常傳出陸蟹們過馬路被壓扁的噩耗。而近年縣府公路局設置全台首座陸蟹穿越生物廊道，全部採用陸蟹最喜愛的在地咾咕石鋪設，讓生態永續，落實紮根「護蟹行動」，希望母蟹媽媽們一路平安到海邊產卵。

守護陸蟹過馬路的權益

數不盡的海中珍寶

若你喜歡在墾丁幾個近海潛點潛水，那你應該常常可以在這些地方的海中發現海龜、花枝、豆丁海馬、

成群的抱卵奧氏後相手蟹

毛足圓軸蟹

珊瑚、海葵、海扇的蹤跡，據潛水客表示他們偶爾會發現不易見到的藍鰭鯵以及揪團出巡的烏尾東，在洞穴與珊瑚群之間更有大量的珊瑚礁觀賞魚類（比如漂亮的尼莫），聽說偶而還能驚喜的發現「薯鰻（裸胸鯙）」的出沒。

二〇二三年底，墾管處表示，墾丁國家公園海域再有兩位不速之客登場，分別是海龍科的「長鼻粗吻海龍」和蝴蝶魚科的「褐帶少女魚」。這兩種罕見的魚類近期在墾丁海域現蹤，讓這片海域再次展現其生態豐富的一面。

上 烏尾冬
中 墾丁的海域是潛水客一年四季的尋寶勝地
下 烏褐帶少女魚

「長鼻粗吻海龍」一直以來只在苗栗外海有出現的紀錄，沒想到這次竟在核三廠入水口外側的墾丁海域現身。而「褐帶少女魚」則在船帆石外側和雙峰藍洞等深海區域被發現，其成魚則在較深的岩礁區活動，其身形色彩十分繽紛迷人。

四・情感分明的如詩氣候

恆春墾丁真是一個富有南島風情的寶地，剛剛說過這一帶屬於熱帶性氣候，卻又不像峇厘島那麼炎熱，微熱的海風吹來頗為舒適，年平均氣溫二十三度，夏季漫長，而冬季相對較為溫和。降雨方面，年降雨量約二千二百毫米，下雨的季節主要集中在五月至十月，乾季則由十一月至翌年四月。

● 長鼻粗吻海龍

雖然我是一個老恆春人，由於早年沒念很多書就北上了，回到家鄉後，重新開始學習恆春的一草一木。墾丁的地形和地質景觀可謂是千變萬化，就像是一個會動的世界地形百科，像是白砂、南灣、墾丁、小灣、砂島和風吹砂等地的月白沙岸、分佈在西海岸和鵝鑾鼻海岸沿岸的群狀珊瑚礁、佳樂水的砂岩海岸，還有包括大平頂、關山巖、貓鼻頭、社頂、墾丁森林遊樂區和鵝鑾鼻的高位珊瑚，要算清楚這裡的地形種類，可不是一件簡單的事。

墾丁獨有的水芫花

但是墾丁一帶不只有海岸，我們還有像門馬羅山、大山母山、大尖石山、小尖石山、青蛙石等等從墾丁海層冒上來的外來岩塊，形成獨特的地勢。最值得一提的是墾丁的崩崖景觀，就是從剛剛介紹的貓鼻頭和鵝鑾鼻一直到往風吹砂那頭的海岸，一眼望去景色真是壯觀偉大。

而在恆春半島海陸交界的地方，大家知道這一帶有很多的珊瑚礁植物帶，其

● 尖翅燕魚

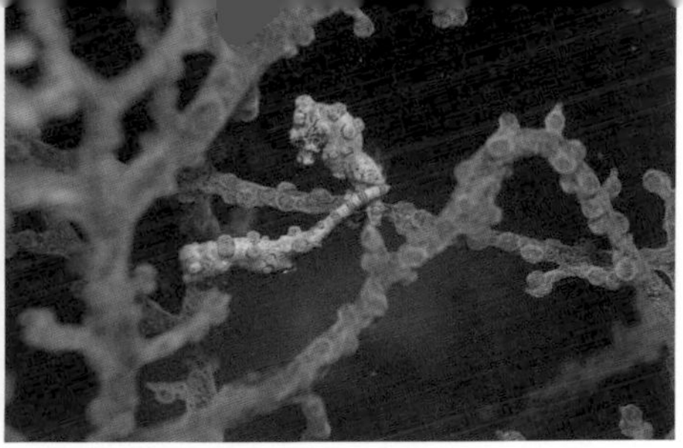

● 豆丁海馬

中最具代表性的植物就是墾丁獨有的水芫花了！水芫花朵為白色，喜歡在高溫的環境下生長，因為生長在珊瑚礁上，所以呈匍匐狀的小灌木型態，在大海撲食下猶見可憐。但水芫花也呈現這就象徵我們恆春人的打不死的堅強性格，而剛剛說的陸蟹路線所指的船帆石至香蕉灣海岸林一帶，更是臺灣僅存的完整海岸森林線。

墾丁可是臺灣唯一一座規劃包括海域的國家公園。

墾丁地區擁有得天獨厚的海洋環境，海水溫暖且受黑潮氣候影響，造就了全臺最豐富的珊瑚生態，超過兩百三十六種珊瑚在這片海域中分布。墾丁國家公園更是絕佳的珊瑚礁魚類天堂，包含蓋刺魚、雀鯛等共有一千零十五種，還有一百四十六種貝類和一百三十四種藻類。

每年農曆三月中旬後的一星期，墾丁地區的珊瑚都會在夜晚進行集體產卵。珊瑚蟲釋放出粉紅色的精卵團，

● 海葵與眼斑海葵魚

這些精卵團會浮到水面，然後分散開來。由於在浩瀚的大海中，精子和卵子很難相遇，珊瑚為了提高成功的機率，成熟的珊瑚會同時釋放大量的精子與卵子。

然而，墾丁地區的珊瑚面臨著全球暖化、人類開發引起的污染以及藻類繁殖過剩等外在環境因素的威脅。珊瑚數量逐年減少，現今所見的只是小規模的珊瑚產卵。唯有減少對環境的破壞，我們才能維護這片自然美景。

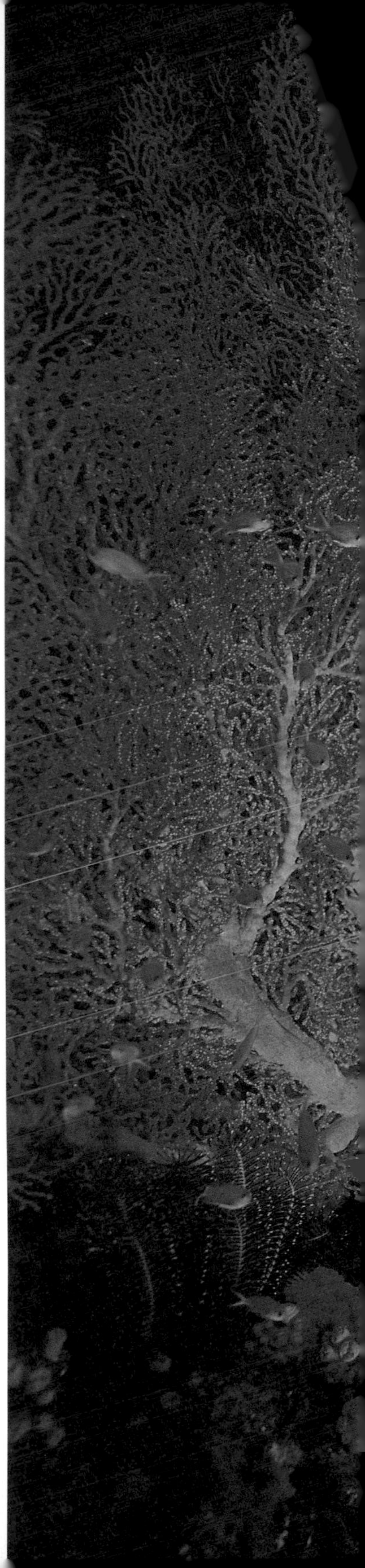

左 珊瑚產卵／右頁 海扇

墾丁肉粽與墾丁之花

想起一個我之前遇到的趣事，現在還是覺得很好笑。

前陣子，有人聽聞我是恆春人，就跟我說他要去墾丁找最出名的肉粽，跟我問在哪裡能買到墾丁肉粽，還問是不是去恆春鎮上或是墾丁大街上面的哪一家老店，要不要早點去排隊。我哈哈大笑，跟她說那個不用買，隨時都有喔！

言歸正傳，若是提到我們這裡出產的「墾丁肉粽」，這可不是郭金發唱的那一款燒肉粽喔！我告訴你，「墾丁肉粽」其實是一種特別的植物，也就是全臺最大最豐富的「棋盤腳樹群的果實」。這個植物的果實有稜有角的形狀，從不同的角度看，就像一顆掛在樹上的大肉粽，也因此有了「墾丁肉粽」的稱號。我實在很佩服這些文藝家，將這些平常人沒有留意的珍貴物產描繪的如詩如畫，就像在海邊聽著恆春詩人抱著月琴在唱民謠。

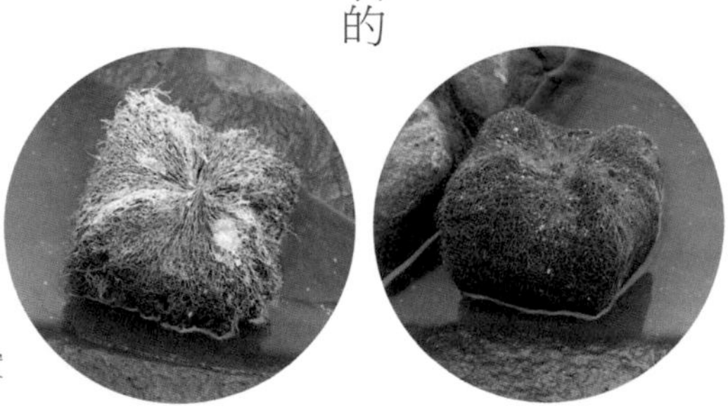

棋盤腳果實

● 墾丁鳥瞰圖

●「棋盤腳」名稱的由來，是因它與眾不同的果實外貌

● 棋盤腳樹在恆春半島又有「墾丁之花」的美稱

● 棋盤腳之花

聞風軍令　趴倒的洋蔥

當兵趴下不稀奇，神奇的是，恆春這裡竟然有一支會聽「落山風軍令」的洋蔥軍隊！

由於恆春鎮的氣候和獨特的自然現象，為當地的農產品洋蔥提供了一個獨特的風味。這裡的氣候屬於熱帶性海洋性，夏季雨水充沛，秋季則受到東北季風的影響，形成四季如春的溫暖氣候。而這片區域因中央山脈的遮蔽，每年九月至翌年三月間也會迎來著名的落山風。

落山風一到，這裡的洋蔥自己會「聞風趴下」！

臺灣有近八成的洋蔥都來自我們車城和恆春。當落山風吹來時，洋蔥的葉子就會聽命趴下，甚至有超過八成的洋蔥葉子會彎折在地上，這時就是洋蔥收成的時候。強勁的落山風讓洋蔥的葉脈變得較短，養分被鎖在球莖內，因此當地的洋蔥因此擁有獨特的辣度及不嗆的風味，味道卻比之其他地區出產的洋蔥更為香甜

上 在洋蔥田的王敏勳／下 會趴下的洋蔥

可口。難怪洋蔥被稱為我們恆春之寶啊！

看海芒果　在欉好滋味

芒果從開花到結果，都要花費人力照料才能成出好芒果

枋山故名為「崩山（臺語山崩之意）」，是指從枋山到車城一帶沿海的山坡地，為恆春半島上最集中的芒果種植地帶。滿山滿谷的芒果大軍覆蓋了低海拔的山巒間，枋山鄉愛文芒果種植面積約三百多公頃，是全臺芒果品質最好的地區之一，但枋山鄉卻是全屏東人口最少的鄉鎮，可能還不到一萬人。

我很喜歡這裡的芒果，多汁的果肉中彷彿還存有著陽光的親吻，迎著熱情海風的吹拂，全臺獨一無二的「看海的芒果」只有在恆春，而且甜度是爆表的十五到十七度之間，被譽為人間美味。恆春半島西岸的芒果成熟早，有些農民甚至會等到果實完全成熟再採收。這些沒有用藥物催熟的芒果被稱為「在欉黃」，相當好吃，還外銷很多國家。

Southern
Sovereignty:
Spring Eternity

Chapter 2
第二章

恆春身世

阿猴打狗本是同一家，族群融合的歷史過程

大家知道打狗是高雄的舊稱，但打狗究竟是一個城市，還是一個部落？阿猴究竟是一個地名，還是一個番社呢？討論這個的原因，就是為了要揭開屏東的身世之謎。

一・阿猴打狗的前世今生

研究阿猴打狗的歷史學者很多，我個人非常欣賞呂自揚老師的論點。

呂老師在其大作《打狗阿猴林道乾：尋找高雄平埔族的身影》一書中，考據了許多荷蘭的原始資料。然而，我並非一個飽讀詩書的文史工作者，而是以一個北漂多年，從小在貧困的恆春地區長大的屏東孩子的身分來撰寫這一本書，

● 呂自揚著之《阿猴打狗林道乾》

我沒有非常深厚的學識，因此我只能盡量能在這些大作中整合歸納並窺其原貌，了解種族的遷移，了解我們是從哪裡來的，了解先民的艱辛，最後希望後人都能藉此簡單的論述，珍惜今日的得來不易。

要認識南臺灣的歷史，就要認識《熱蘭遮城日誌》。《熱蘭遮城日誌》是一份荷蘭統治臺灣的史料，時間跨足一六二九年到一六六二年，書中記錄了荷蘭人在臺灣的各種活動。他們在大員（今臺南安平區）建城堡，展開了長達三十八年的殖民時間。

在此期間，殖民經濟統治的做法大約可分為幾項，包含：傳教、奪取通商口岸控制權、控制當地最珍貴原物料獨賣與通婚。

當時的荷籍牧師為了傳教以及與當地人打成一片，也積極到原住民部落傳教，甚至使用原住民的語言編寫了羅馬拼音的聖經，讓教廷有左右當地政權的力量，來到臺灣駐點的官員為了向荷屬東印度公司（官方控股）匯報，各分據點的總督每日都要記錄殖民地的活動形成日誌，再傳送回荷蘭母國。想想在沒有電子

t'Fort Zeelandia

荷蘭時期的熱蘭遮城

郵件跟LINE的年代，這些訊息要傳回母公司有多麼不方便啊！這些日誌保存在海牙檔案館，其中《熱蘭遮城日誌》佔據四大冊，成為了基本的史料。

回想當初荷蘭人在高雄平原碰到原住民，居然叫他們野蠻人，還給他們取了個名字「Taccariangh 搭加里揚」。一六三五年十二月二十五日，荷蘭人跟新港社一起攻擊了岡山平原，點燃了搭加里揚之戰的戰火。這場戰爭導致搭加里揚族的南移與族號的消失，也產生了新的阿猴社的稱號，更開啟了屏東平原平埔族的新歷史。

二・荷蘭在臺最大的戰役「搭加里揚之戰」

在一六三五年，荷蘭人發動了對臺灣原住民搭加里揚社的攻擊，搭加里揚社是當時岡山一帶勢力最大而且統治最兇悍的原民族，猜想新港社不堪虐待轉為聯合外援，由此可想其實原住民的腦袋並沒有我們想的原始，是後人誤解了。當時由新港社的西拉雅族與荷蘭人聯手組成千人大軍，攻打位於今高雄與達港東方（堯港）大崗山附近的搭加里揚社。搭加里揚社的弓跟矛難以抵抗荷蘭的槍火，迅速潰敗，導致整個高雄平原上搭加里揚的原住民社群驚慌逃遷至屏東平原。

在戰爭後，一六三六年二月四日，搭加里揚社與大木連（上淡水）、麻里麻崙（下淡水）以及搭樓三分社等，在屏東平原與荷蘭簽署投降協議，爾後荷蘭陸續征服了屏東平原其他地區的原住民社群，擴大了他們在臺灣的統治範圍。

阿猴社就是搭加里揚

大家知道在早期，居住在打狗一帶的原住民誤認為打狗社人，但呂老師指出，應該是初期漢人稱這一帶的山為打狗山，由於當時對當地部落名稱的不瞭解，便隨意以打狗社稱呼當地原住民。後來或許是出於文人的考量，認為「打狗」一名不雅而改成打鼓山。然而，民間依然沿用打狗山這個稱呼。

原來打狗山與鼓山是這樣來的，大家清楚了嗎？

當時打狗山的西南方就是今日著名的西子灣，山上還有成群的獮猴，當然現在獮猴還是比人兇很多。據說

一六三五年所繪之《熱蘭遮城與長官官邸鳥瞰圖》

猴子王國在這裡已有超過四百年的歷史了。在西子灣北邊的地方有一個村落被稱為柴山。在日治時代，打狗山被改名為壽山，然而現今日有許多人仍然偏好使用柴山來稱呼此山。因此我也認同呂老師的說法，打狗是地名，而非部落。自然也不是搭加里揚社。

呂老師認為搭加里揚社對當地的平埔族社多加施壓，為了擺脫不合理的統治，於一六三五年被荷蘭與新港社聯軍攻擊而逃遷到今之屏東，於一六三六年二月四日與荷蘭締約受統治。根據一六四四至一六四六年之地方村社長會議紀錄，搭加里揚社於一六四六年消失，而出現為Akauw阿猴社，其地位皆為阿猴社所取代。

如此看來，搭加里楊是從打狗山一帶，逃到了屏東而成立了新的阿猴社，或被阿猴社同化收編，也成為屏東地區平埔族的先趨者。值得一提的是，在荷蘭統治原住民的體制中，根據各村社的人口數，選出社民擔任長老（相當於頭目），來管理和約束社民，這些長老的選任期為一年，而且都要開定期會議。

從一六四五年的搭加里揚社四位長老開始，原本都有資格連任至一六四六年的四位長老。一六四四年至一六四六年間，參加福爾摩沙南區地方會議的村社包括：

時間	參加村社
1644 4月19日	• 大木連（Tapouliangh） • 萬丹（Pandangdan） • 放索仔（Pangsoya） • 搭加里揚（Taccariangh） 等 20 社
1645 4月7日	• 大木連（Tapouliangh） • 萬丹（Pandangdangh） • 放索仔（Pangsoia） • 搭加里揚（Tacarian） 等 20 社
1646 3月28日	• 麻里麻崙 • 萬丹（Pandangdangh） • 大木連（Tapouliangh） • 阿猴（Akauw） 等 22 社

1635 年 12 月 25 日發生搭加里揚 (Tacarian) 大戰，原搭加里揚 (Tacarian) 人撤出高雄往屏東方向走，1644 年前依然是以搭加里揚的名存在，1946 年的荷蘭部落大會參加者就改成「阿猴社」，而參加的頭目也幾乎都是原班人馬。

Taccariangh 搭加里揚主社自岡山平原遷移到屏東平原後的居住地，後來改名為 Akauw，阿猴社的居住地與主要集中地，大概就是現在的屏東市。所以民間流行有念謠說：「古早高雄叫打狗，鳳山叫埤頭，屏東叫阿猴。」剛剛說的只想讓讀者了解阿猴社與打狗社是否有相同的起源，進而理解平埔族由北向南遷移的歷史過程。

三．半屏山之說：阿猴改名屏東的由來

接下來來說說屏東的由來吧！

屏東的說法來源相當多。當時荷蘭人來攻擊搭加里揚社，把他們的房子和糧食都給燒了。搭加里揚社的人，包括打狗的原住民，在這場戰爭中死傷慘重或者嚇得亂逃。而進入日治時期以後，日本人把阿猴改名為「阿緱」，一九二〇年再將阿緱改名為屏東，取名自原有的「屏東書院」，而不是因為在半屏山的東邊（也有人說是因為在半屏山以東，在此不做爭論）。

總之，平埔族人由臺南一帶遷移至高雄，最後轉進屏東是一件不爭的事實。我今天不是要爭論誰是誰非，只是用懷古溯遠的角度帶大家認識連我這個屏東人都不知道的歷史，不可否認的平埔族人確實也成為屏東人身分的一支血脈來源。憶古追今，後人得珍惜今之不易，阿猴打狗本一家，現今的安居樂業都是先民留下奠定今日美好的根基。

Southern
Sovereignty:
Spring Eternity

Chapter
第 三 章

3

恆春古道

一百二十公里大冒險，
琅嶠卑南段的先民足跡

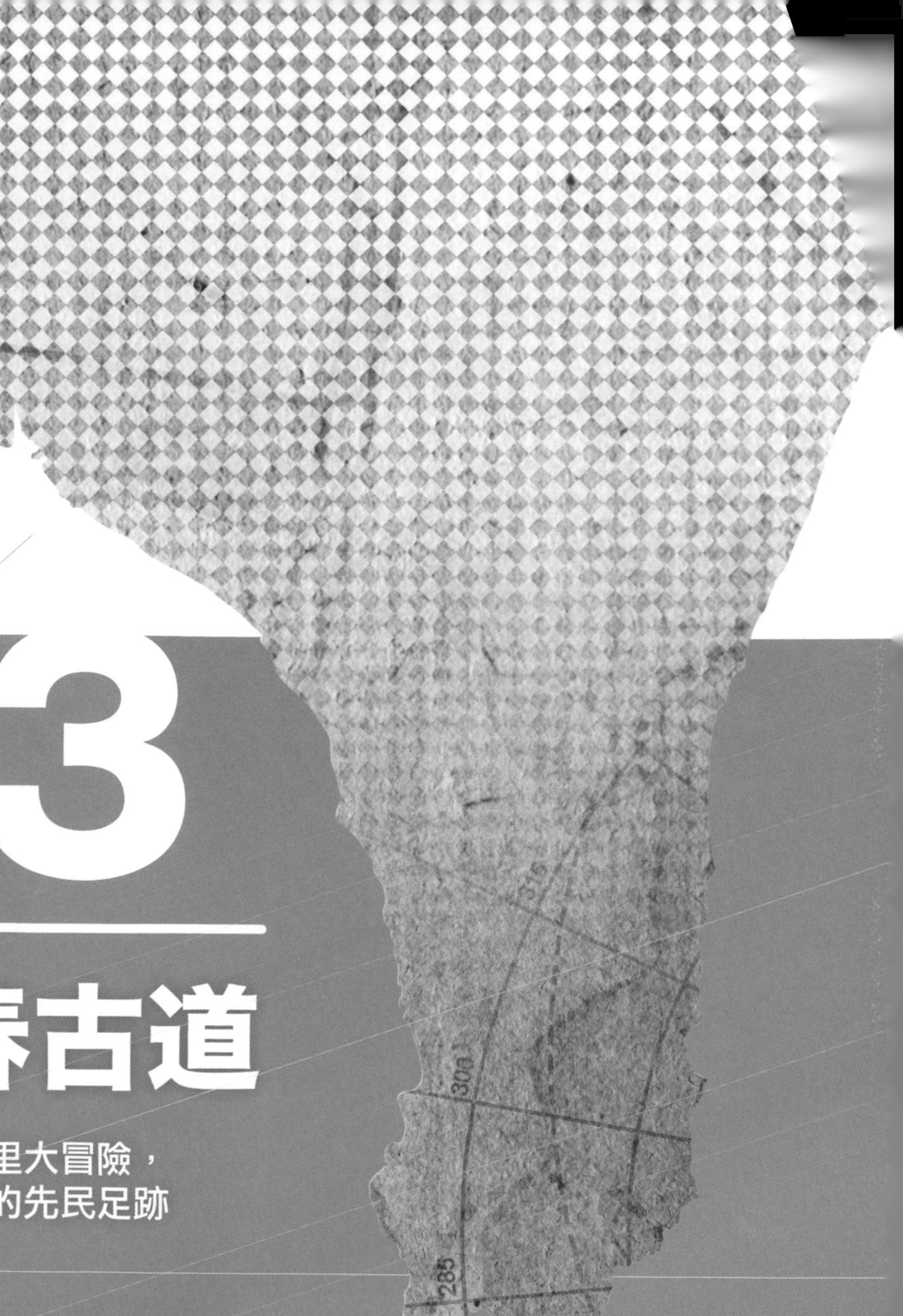

古道是古人曾經踏足的路徑，穿越一百二十公里的瑯嶠・卑南道，從恆春一路通往臺東市。這條古道不僅沿途風景如畫，可以欣賞到絕美的海景，更值得我們細細品味的是，它承載了先民為了求生與生活而不懈努力的足跡。在欣賞這美景的同時，我們也應該深入了解這段歷史，感受這片土地的豐富故事。

一・原住民遷徙之道

從卑南到瑯嶠，原民深情嘹亮的歌聲依舊清晰，都蘭一代的馬卡道族人攜老扶幼，篳路藍縷的一路來到了屏東的山區安身立命。中途山路險惡，一條被稱為「阿塱壹古道」的原住民遷徙之路上充滿了傳說。

講到「阿塱壹古道」，其實不少有見識的人都認為正確的名稱應該是「瑯嶠・卑南道」，而不是常見的「阿塱壹古道」。

但有學者認為「瑯嶠・卑南道」的起點在屏東縣牡丹鄉的旭海村，沿著海岸北上經過觀音鼻，直到臺東縣達仁鄉楓港溪一帶，而不延伸至安朔溪。因此，「阿塱壹古道」這個名稱無法正確反映實際的古道狀況。

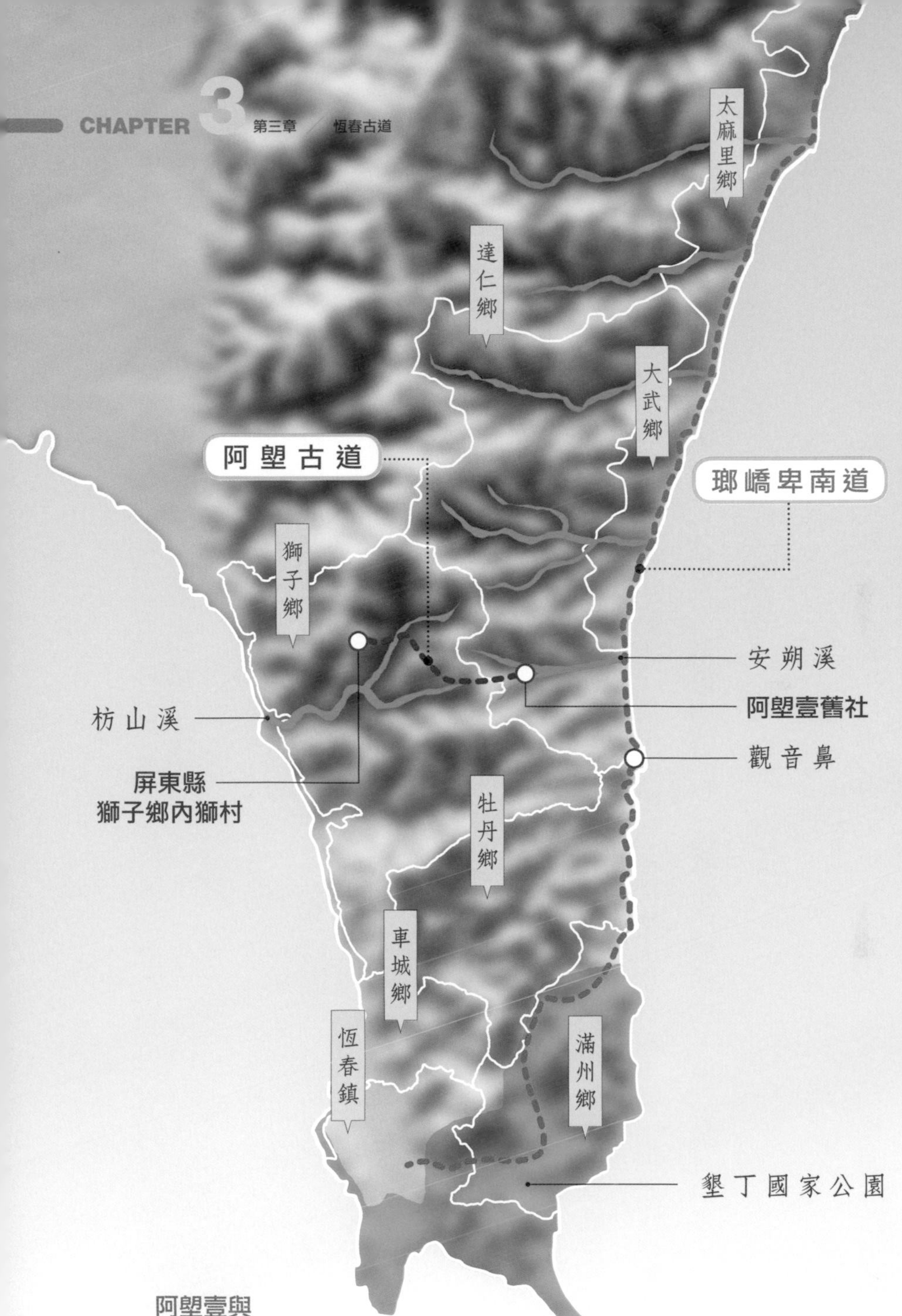

（阿塱壹與瑯嶠卑南道的位置）

二・清朝時期的古道修築

清康熙時的臺灣知府蔣毓英曾寫了一本《臺灣府志》，書裡提到了一個神秘的地方「南覓社」。這個地方離府治很遠，有四百五十里，那裡有很多山，如霄馬干山、知本山，還有什麼兆猫釐社離山、霄猫離山等，簡直是山的大雜燴。其實他說的地方，就是我們卑南道上的原住民。

蔣毓英在書中將原住民形容為「人形獸面」，有點誇張。他說南覓社深山裡人跡罕至，到處都是野生動物，甚至連山妖水怪都出現在故事裡。但是，這裡的路通常都有風險，且因為「蕃害頻傳」，這條路危機四伏，但還是有人為了錢走這條路，真是要錢不要命啊！

到了清咸豐年間，漢人開始移墾南覓，那條路變成了漢人的移墾之路。馬卡道族人因為漢人侵墾，跑到後山和瑯嶠地界，有些還南下到卑南覓，再到關山、池上等地。這些移民的後代為了紀念祖先的辛苦，特別崇拜他們的「南路祖」。

為了打通這條古老的道路，當時的巡撫建議利用滿州縱谷前行，經過八瑤灣北上的路線。這樣的開山撫番事務，雖然促進了地區經濟，但也充滿了風險和挑戰。

三・阿塱壹真的不是卑南古道嗎？

現在這一條起點在屏東縣牡丹鄉的旭海村，一路沿著海岸北上，經過觀音鼻，最後抵達臺東縣達仁鄉楓港溪的南田一帶。然而，這樣的路線並未延伸北上至臺東縣達仁鄉和大武鄉交界的安朔溪，也就是以前被稱為阿塱壹溪的地區。因此，以「阿塱壹古道」來稱呼並不能真實反映當時的狀況。

其次，「阿塱壹古道」實際上是一八七七年清朝修築的「琅嶠—卑南道」道路的其中一小段，並非獨立存在的道路。它是整個「琅嶠—卑南道」道路的一部分，不能獨立看待。這段道路的興建主要是為了改善當時的交通狀況，使得恆春半島和卑南平原之間的聯繫更加順暢。

瑯嶠・卑南道標示

行走於瑯嶠・卑南道

對這片土地很有情感的楊南郡老師指出，在安朔溪一帶過去有一條東西向的「阿塱衛古道」，而阿塱衛即為阿塱壹。有可能是有些人在歷史記載中混淆了名字，導致對「阿塱壹古道」的誤解。因此，正確的命名應該是「瑯嶠・卑南道」，這樣才更貼近古道的真實面貌。

這片土地充滿歷史淵源，不僅讓我們更深刻地了解這段時光，也彰顯了這片土地的美麗與多元。在歷史的長河中，「瑯嶠・卑南道」是一段承載著文化與交流的重要篇章，激勵著我們對這片土地保護與尊重的情感。

MORE STORIES

瑯嶠的淘金傳說

在十六世紀的大航海時代，西班牙航海家 Francisco Gualle 於一五八二年經過臺灣海峽，得知臺灣島不僅有絕佳港灣，居民外貌和菲律賓的 Visaya 人相似，更傳言有豐富的金礦。這段神秘的故事迅速傳播，吸引眾多冒險者前來尋找黃金，成為一代又一代的冒險傳奇。

這個振奮人心的消息傳遍了大洋另一端的荷蘭，引起了一陣陣冒險者的狂潮，一群荷蘭人抱著淘金的夢想來到臺灣的東海岸。然而，真正親眼見過金礦的人卻稀少無比。儘管如此，這段神秘的傳說卻成為了歷史的一頁，吸引了一代又一代的冒險者，他們夢想著在這片神秘的土地尋找黃金，開啟前所未有的歷險。

荷蘭人在當地領主的協助下，成功攻克太麻里村庄，並割下四十顆瑯嶠人的頭顱，俘虜七十名婦孺。儘管荷蘭人有兩人死亡，十六人受傷，但他們卻成功佔領太麻里，將村莊燒毀後繼續前進卑南。

荷蘭東印度公司率領著一支龐大的遠征隊，搭著五艘船駛向卑南。當他們抵達瑯嶠時，引起了瑯嶠君主的不解，因為他們不明白為何這麼龐大的隊伍會出現在他們的土地上。結果，這場征討戰事實上毫無懸念，荷蘭人不僅在武力上占據優勢，而且人數還遠遠超過卑南社。卑南社最終只好臣服於荷蘭的勢力，而大巴六九社也慘遭毀滅，成為了歷史的一頁。荷蘭撤離後，卑南社仍然保持了權力，成為了當地的主宰。

Southern
Sovereignty:
Spring Eternity

Chapter 4

第四章

恆春命運

福爾摩沙的地緣政治，數百年來的明爭暗鬥

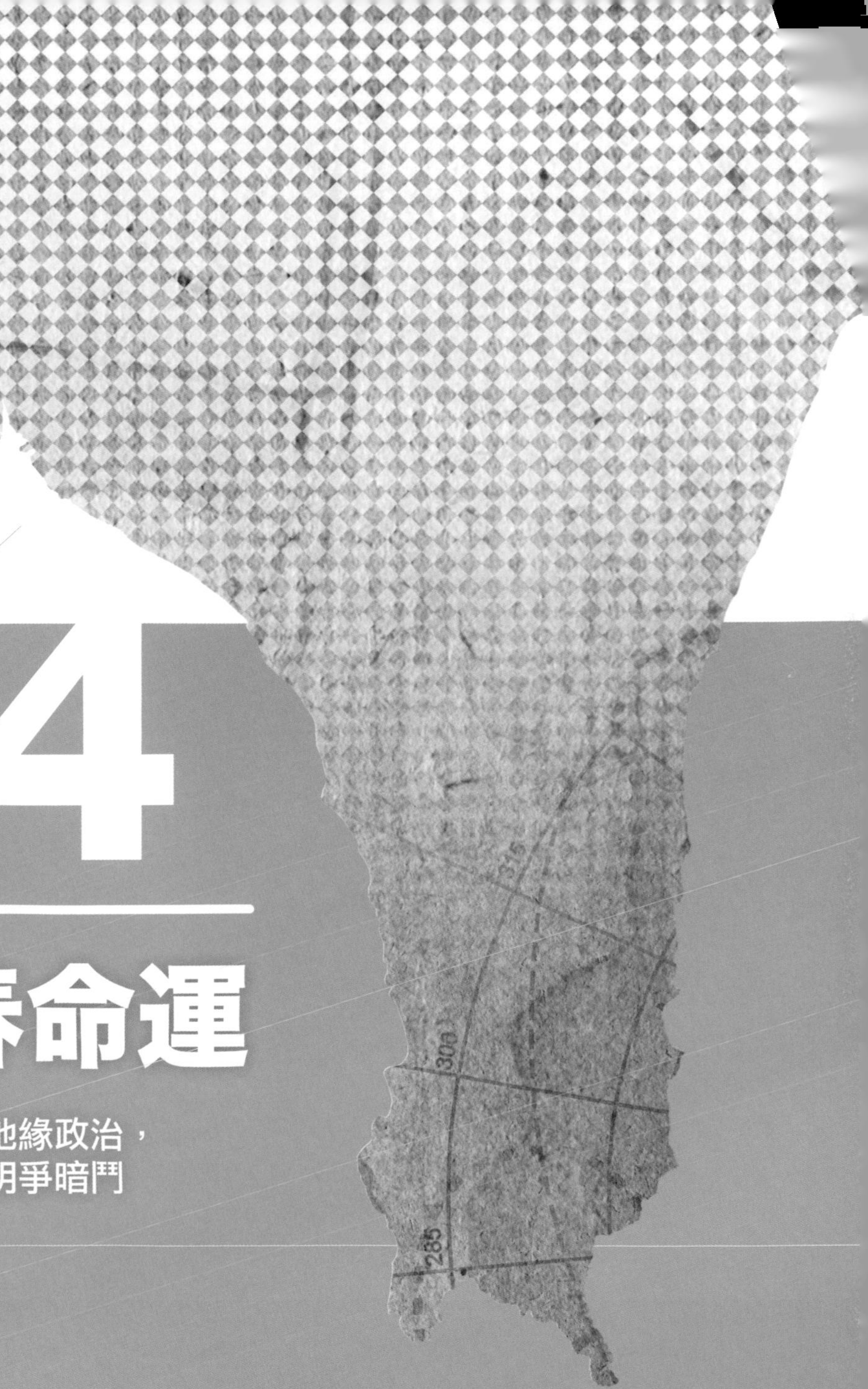

在十八世紀末期，臺灣所在的東亞地區發生了重大的局勢變化——中國不再是一枝獨秀的天朝。一八五三年，美國海軍艦隊抵達日本港口後，終結了江戶德川幕府的鎖國時代。這個侵略模式跟列強打開中國大門的時代背景是一樣的，只是日本人覺醒較早，而中國的官員仍在搜刮民脂民膏。頭腦與國家意識比較清醒的日本人經歷了明治維新，開始進行現代化的改革。這使得日本從封閉孤立的國家轉變為一個超級強盛的現代軍事國家，提升了其在地緣政治中的地位。

正在列強崛起之時，腐敗的清朝統治導致了民變，太平天國起義。外國勢力看準時機，趁機進行了一系列的擴張和壓迫，使得中國的國際地位進一步下降。這些變化形成了後來亞洲地區歷史發展的基礎，同時也標誌著東亞在國際事務中的重新定位。

一・洋人、傳教、挖寶、搞經濟

第一時期：西方列強進軍，變色福爾摩沙

明鄭與康熙年間（十七世紀－十八世紀）

這個時期俗稱的紅毛番在淡水跟安平都有建了城堡，安平追想曲也就是描寫荷蘭人處處留情的寫照。荷蘭人為了搶佔臺灣的樟腦、茶葉和鹿皮等寶貴資源，建立了荷蘭東印度公司，並於臺南建立了熱蘭遮城，以強化他們對當地的掌控。在荷蘭統治時期，也參與了臺灣平埔族的戰爭，如搭加里揚之役，影響了高雄一帶平埔族向南遷移。荷蘭人透過教會、船員和貿易等途徑深入臺灣，對當地人的生活產生了影響。

一六九八年荷蘭東印度公司艦隊

一八六〇年至一八八〇年間拍攝的淡水紅毛城

國姓爺光復臺灣時期

隨後國姓爺的光復臺灣，而後奠定了臺灣的民政基礎與經濟草圖。然而，在一六八三年，清朝滅亡鄭成功，實施漢化政策，推動漢人移民開墾，以強化對臺灣的統治。同時，清朝實行嚴格的海禁政策，將臺灣視為邊陲地區。

鄭成功攻臺之役之繪圖

清廷最初對臺灣的開發並非出於對當地的投資建設，而是阻擋明鄭的餘孽。那時候雖然有許多海禁政策，但是來自沿海的海盜非常兇猛，殺人越貨，並不比當年的倭寇遜色。然而，福爾摩沙的名聲和列強的介入，迫使清廷必須正視臺灣發生的事件。中國內部政治腐敗，讓原本可以保衛國家的軍隊和經費，卻被腐敗的政治生態損耗。

第二時期：傳統王朝解體，西方列強介入

十八、十九世紀中國的政局動盪，外國商船在臺灣海域受到威脅，引起列強報復性軍事行動。他們以清朝政府無法有效管控海盜為由，加強對臺灣事務的介入。這兩個因素共同推動了臺灣在國際舞臺上的動盪局勢，讓恆春半島成為各國競相爭取的焦點。

揆一《被遺誤的福爾摩沙》中描繪之台江內海海戰。

一八六七年的羅發號事件

英美對臺灣的關注主要是為了保護貿易路線和商業利益。戰爭結束後他們要求在鵝鑾鼻設立燈塔並駐軍，以保障外國船隻的安全。儘管通過與斯卡羅頭目卓杞篤在南岬之盟簽訂了兩次合約，英美仍通過外交手段向清廷施壓，要求賠償和權益保障。

一八七一年的八瑤灣事件

日本介入臺灣，主要是為了對琉球宗主權的剝奪和加強對亞太經濟的掌控。大家知道後來侵臺的牡丹社事件反映了日本對臺灣領土的直接要求，突顯了當時國際政治情勢下，各國在臺灣爭奪勢力範圍的競爭。臺灣人當時就像夾心餅乾，滿滿口中都是辛酸與無奈啊！

一八七五年的牡丹社事件和獅頭社戰役

兩事件展現了清廷與日本對無主之地生番勢力的鎮壓控制，為了維護清朝對臺灣的經濟統治進行了軍事行動。同時，列強積極爭取臺灣的重要物資，如樟腦、茶葉和鹿皮，這些成為各國爭奪的焦點。

這一時期，臺灣不僅面臨外來勢力的威脅，還在外交和經濟層面承受巨大的壓力。臺灣本土的漢族移民、平埔族、土生仔和原住民之間對土地的認知和爭奪也在不同種族之間引發了一系列的衝突。在這場戰爭中，清朝永遠就是在當一個世界各國嘲笑的大盤子（傻瓜），各方角力，這段血腥歷史背後反映了不同種族對權益的不同追求。

二・福佬、客家人、平埔、土生仔的愛恨情仇

從國姓爺率領大批官兵與眷屬來臺拓墾開始，許多生活困頓的大陸沿海居民也都跑來台灣，形成第一波漢人移民潮。到了鄭氏家族被消滅後，清廷禁止人民攜眷赴台，而來台的單身漢族男性，也就是俗稱的「羅漢腳仔」。羅漢腳仔是對

無妻無子無田無地的浪人之戲稱。台語「腳仔」是部下之意，是一個極受輕視的族群，這些人開始與平埔族女子通婚，可說是最早的族群融合。

來臺的人以福建人與客家人居多，福建人主要來自漳州與泉州，福佬系占墾的地區，北自阿里港，南到東港，並沿海岸平原南下直達枋寮，而客家人則自萬丹沿麟洛溪（隘寮溪的舊河道）和東港溪向上游及兩岸發展，屏東當地的客家人也被稱為「福佬客」，或是「倠倠」（客語中我的發音），客家人習慣聚族而居，勤修族譜、蓋宗祠，具強烈的宗族觀念，而且在代代相傳「晴耕雨讀」的傳統祖訓規範下，相當重視子孫教育。福佬的負評遠勝過客佬，被原住民稱為「歹人」，這裡因為客家人多，產生漳州泉州人相互合作而與客家人發生矛盾。

你知道平埔族一向被山地原住民看不起，認為他們背叛了祖先，也因此瑯嶠（今恆春半島一帶）這片土地，漢番通婚後混血的「土生仔」（山地原民與漢人的子女）的地位都不高，因此，平埔族多向漢人靠攏以求生存，但在十九世紀晚期的相關事件中，土生仔的子女起了莫大的作用（一如魁儡花中後來繼任斯卡羅大股頭卓杞篤位置的潘文杰）。這應該是原住民始料未及的大結局。

為了生存，本國人、外國人都有各自的算盤，不管如何，為了要取得生存的最大利益條件，數百年來的明爭暗鬥，在恆春半島上掀起了一波波的無情戰事。

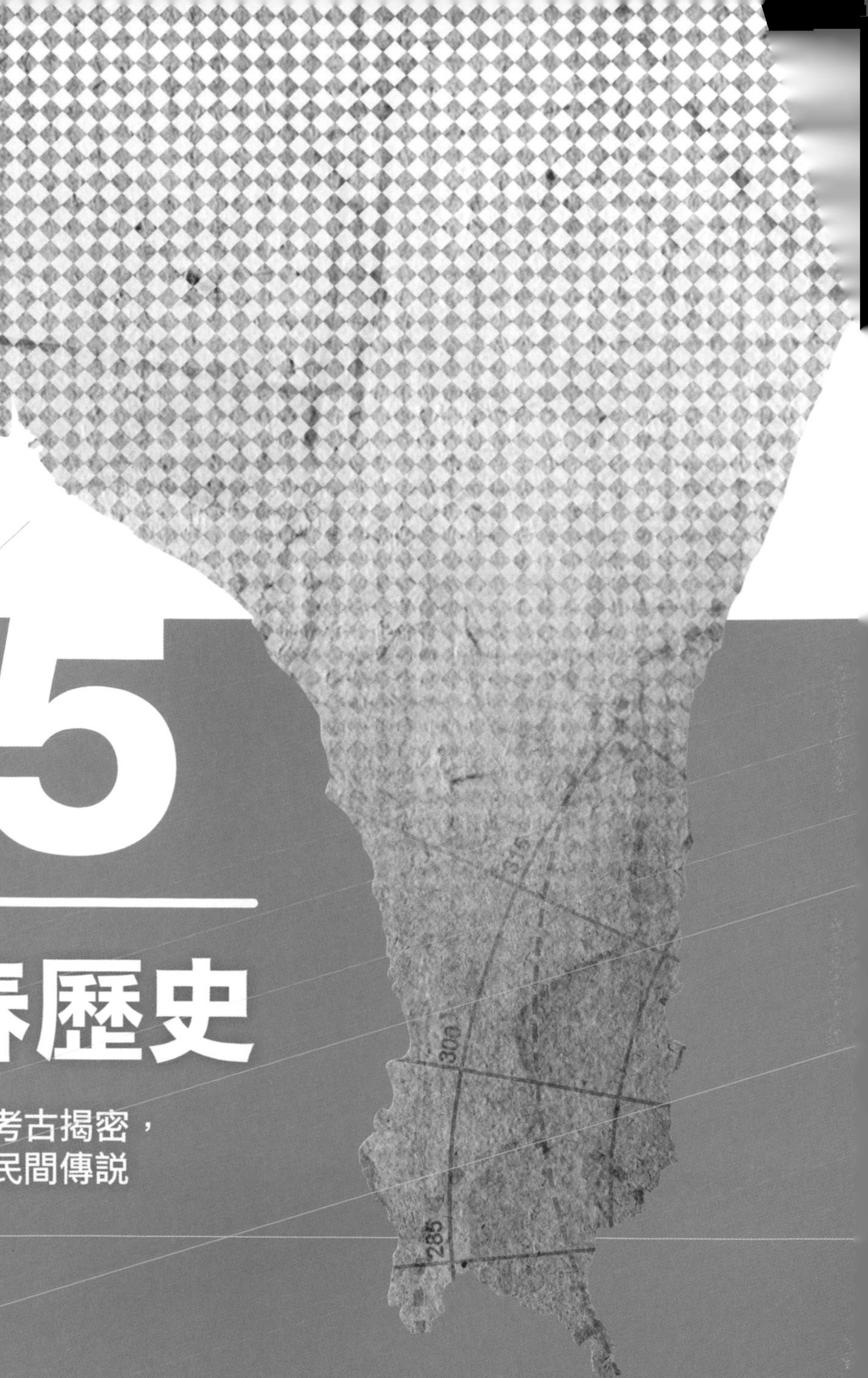

Southern
Sovereignty:
Spring Eternity

Chapter 5
第五章

恆春歷史

羅發號事件考古揭密，
八寶公主的民間傳說

距今三百多年前，東部的卑南族分支受到壓迫往南遷徙，途中遇到了排灣族，而後排灣族人扛著乘坐轎子的斯卡羅人行動，斯卡羅即「乘轎者」之意。漸漸地，原為卑南族的斯卡羅人，與原排灣族人同化，共同掌控恆春半島一帶。

一・神秘的一八六七年

轟動全臺的歷史大戲《斯卡羅》，其原著小說是榮獲臺灣文學獎金獎的陳耀昌醫師筆下的《魁儡花》。為什麼要叫做「傀儡花」這令人猜不透的名字？其實所謂的傀儡，就是當時漢人對恆春這一帶山區原住民汙衊的稱呼。有關於魁儡由來的說法很多，有的認為是居住於恆春的漢人看到在山林間穿梭自如的斯卡羅人，靈活的動作像是傀儡戲的人偶，以傀儡番稱

小說《傀儡花》

之。另一說是，原住民見到漢人的招呼語為「Kaliyang」，音譯為「嘉禮番」。

為何談恆春歷史要特別提到羅發號事件呢？《傀儡花》的作者陳耀昌醫師感慨地說，臺灣的歷史教科書從未提到一八六七年這段歷史，而今恆春地區卻因為《斯卡羅》這齣戲而再度引起討論，臺灣人才知道當年在今墾丁國家公園一帶，發生了改變臺灣人命運的重大事件，地點就在我們最愛去的青蛙石小灣旁。而第一位戰死在墾丁海岸上的洋將軍，是名曰麥肯吉的老美少校。

● 王敏勳與小說《傀儡花》

連我們恆春當地應該還有很多人，直到《斯卡羅》播出後，才知道當年在這裡發生了什麼事。一八六七年，臺灣有人第一次和外國人簽訂了國際條約，諷刺的是，臺灣的代表竟然是在山裡有著至高無上地位的斯卡羅山大王瑯嶠十八社豬嘮束大股頭「卓杞篤」，這位當時西洋人心中的傳奇人物，先有羅馬音譯 Tou-ke-tok，後來才有中文的「卓杞篤」。另外一位是受委託的美國代表李仙得，

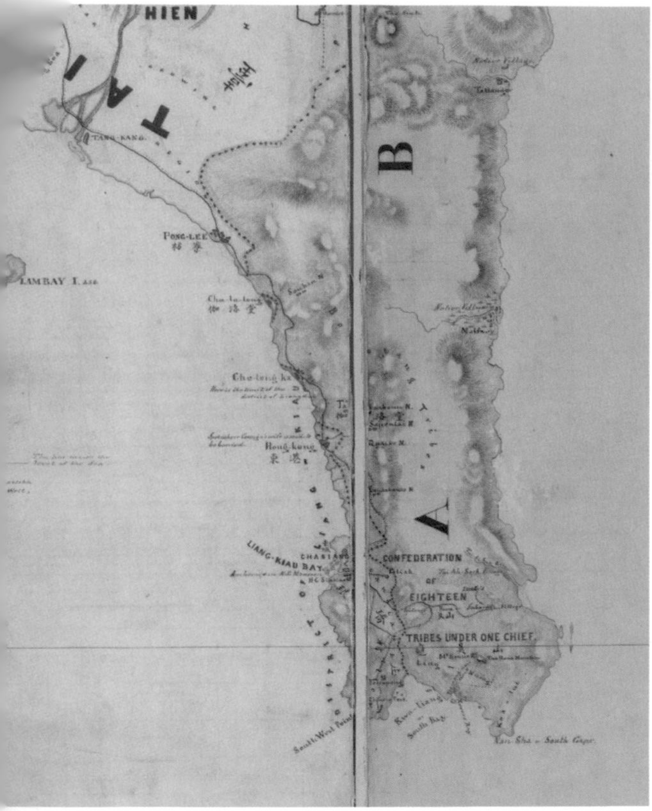

李仙得在一八七〇年所繪之地圖，並在恆春半島東南部分標示瑯嶠十八社（Confederation of Eighteen Tribes under one Chief）之區域

南岬之盟的李仙得

雙方於一八六九年二月二十八日二度簽訂「南岬之盟」，這份史跡現在還收藏在美國國會圖書館裡。

《傀儡花》羅發號事件的眞相原貌

陳耀昌醫師所著之《傀儡花》，細數了當時在恆春地區的種族間為了生存而遷移，有歸化的「熟番」、外來的「福佬白浪」與「客家傣倈」、平埔族及接受同化的「土生仔」等，這幾類人在移動之中，與原住民間產生的衝突造外來人口的大亂鬥。

大家要先了解，發生在臺灣西南海域的船難在當時已經是一個日常事件，只是外國人第一次被原住民打敗，非常沒有面子，才真正出兵被記入歷史。

● 美國的福爾摩沙遠征，美國的海軍陸戰隊員和水手襲擊福爾摩沙島的原住民

● 羅發號上遇害的杭特夫人

故事是這樣開始的。一八六七年三月九日，美國有一艘商船羅發號（Rover）自中國廣東汕頭港開往滿洲牛莊港，途經臺灣海峽時卻遭風浪漂流至七星岩（位於今鵝鑾鼻外海）觸礁沉沒，遇難船員於「龜仔用（音ㄌㄨˋ）社」（今墾丁國家森林遊樂區旁社頂部落的領地）上岸，被龜仔用勇士誤認為侵略者，船長約瑟．杭特（Joseph Hunt）與妻子梅西．杭特（Mercy G. Beerman Hunt）等十三人遭出草殺害。

在龜仔用原住民刀下唯一倖免的粵籍華人水手逃至高雄一帶，先向打狗英國領事館通報。英國駐打狗的外交官登上英國皇家海軍艦艇鸕鶿號到瑯嶠事發地，

左頁 羅發號事件炮艦登岸圖

想和原住民交涉盼能贖回美國籍的生還者（傀儡花中蝶妹與萬巴德、必麒麟及李仙德一群人都有參與）。當時的清廷對法令無法管轄的「生番」地帶向來以不歸王化的理由（不願越過土牛界線），只願派當地人溝通，不願介入軍事行動。清廷地方官員以番治番、以夷治夷的觀念，企圖消極處理，提出地圖明顯標出治權不及的「土牛界線」，以枋寮至鵝鑾鼻為排灣族之地，不在管理之內作為緣由，兩手一攤而不受理此事，美國於是決定自行處理。

事發所在的的南岬是瑯嶠十八社所在的勢力範圍內，雖說在中文文獻中被定位為「番社」，但實際上由原住民斯卡羅人（Seqalu，目前被政府歸類在排灣族，斯卡羅人：約三百年前，部分卑南族卡大地部族，從今天臺東縣知本鄉遷徙到

今天恆春半島，並與在地排灣族通婚混血成「斯卡羅」。）領導的獨立政權。斯卡羅人的最高統治者也被荷蘭人稱為「瑯嶠君主」，斯卡羅在瑯嶠（恆春半島）仍是政治獨立的實體。也就是說，清朝的法令對斯卡羅人完全起不了作用，原住民也不承認清廷是他們的統治者。這時的瑯嶠一帶，完全就是一個生人勿近的原民自治區。

就這樣，一八六七年成為了列強第一次打開與恆春半島原住民對話的起始點，是和平，也是戰火的開端，從此恆春再也不平靜。

二・臺灣史上第一個平等外交條約——「南岬之盟」

話說，當時的美國外交官李仙得還是想嘗試與瑯嶠十八社大統領卓杞篤好好談談，希望能化解這場糾紛。於是李仙得、必麒麟等人與卓杞篤等斯卡羅人經過幾個月的談判後達成和解，並相約在「火山」（今天恆春的出火）立下合約，約定以後若遇到像羅發號那樣的觸礁事件時，美國人會高舉紅色旗幟，這意謂著「美

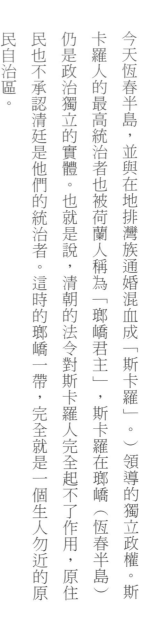

國人需要斯卡羅人的救援與保護」。此外，李仙得也和卓杞篤保證，若美國人遇到海難只會在岸邊求援，並不會私自侵擾瑯嶠領地或其他斯卡羅聚落。

緊接著，雙方在必麒麟與地區總兵官劉明燈等人的見證下完成簽約儀式，合約的中文紙本在一八九八年由美國大使館轉交給恭親王奕昕收存，而英文紙本條約則是在一八九九年二月書寫為紙本檔案並上呈美國政府，這也就是歷史上的〈南岬之盟〉。

南岬之盟的必麒麟

Note

必麒麟

必麒麟，CMG（William Alexander Pickering，或譯畢麒麟、白麒麟，一八四〇—一九〇七）。一位出身英國諾丁罕郡的探險家與官員。他在1863年抵達臺灣，並先後任職於打狗子口海關、安平海關、天利行、怡記洋行。他曾深入臺灣山區探訪並留下大量相關文獻紀錄。

堅守部落之地，原住民的祖靈捍衛戰

看歷史的時候，我總是從不同的角度去了解，尤其對於羅發號的悲劇，我覺得除了看清朝官方的文件記錄，也應該從外國人的觀點去看整個事件。因為角度不同，立場也就不同，解決方式可能也會有所不同。

觀點

郭素秋博士的見解

現任中央研究院副研究員的郭素秋博士在其精闢的研究中，認為卓杞篤與李仙得簽訂〈南岬之盟〉的過程中，面臨如何在十八社內部追認各社頭目執行合約命令，並確實遵守與美國人的約定之情況。因為原住民沒有自己的文字，只能用口語諭令來約制十八社裡的大小部落。開港通商後的羅發號事件，讓瑯嶠地區的斯卡羅族團結力也面臨前所未有的危機，龜仔用的事件只是敲響瑯嶠十八社分裂的警鐘，郭博士認為南岬之盟是卓杞篤自己與李仙得做的保證，可說是一種個人式的外交關係。而大股頭卓杞篤藉此得以維繫自己的權威，進而重新鞏固「十八社」的集權架構。

另一方面，或許連原住民都對自己能夠輕鬆地打敗外國人感到很驚訝。郭素秋博士認為，從美英兩方直接動用巡洋艦隊與陸戰隊等級的兵力來「懲兇」卻失敗收場，面子盡失下，接著轉而責怪清國的作為看來，似乎是美方和清國不知所措、面臨威信喪失的危機。李仙得透過必麒麟的斡旋，設法拜會卓杞篤來主持公道。因為清國無力懲兇，而只派劉明燈帶了五百名平埔兵勇來協助。在此脈絡下，對美方而言，尋求名義上得以統轄十八社的大頭目卓杞篤來處理，然而南岬之盟並未對龜仔用社進行「懲兇」的要求，只是保住了美方的顏面，掩飾動用巡洋艦隊竟大敗而回的窘境，也達到了卓杞篤藉以鞏固地位的希望。

而郭素秋博士認為，南島地區的船難在羅發號之前就已十分頻繁，從龜仔甪社（社頂遺址）的地理位置和石棺陪葬品看來，原民與外界的接觸應相當密切，而我們以往都認為原住民就是住在山裡，哪懂得火炮船艦的現代文明？但事實上證明，原住民不但聰明，而且內行到知道要跟平地商販購買火繩槍作為防禦工具，而外國人怎麼知道這地方的生番會殺人，平時他們也一定有聽聞過在地海難者的遭遇。

觀點

洋人必麒麟的見解

根據這位隨李仙得前往豬嶗束的翻譯必麒麟（必麒麟是後來劉明燈給他的中文名，與他原本的英文名 William Alexander Pickering 同音）認為，自從臺灣被海上霸權

上 鵝鑾鼻燈塔近照

下 羅發號事件後要求設置
之鵝鑾鼻燈塔舊照

開發以來，島上的漁民對待遇難船的態度十分殘酷。就算是臺灣府和打狗之間海岸線上最守法的漁民，也難免參與其中。更往北一點（梧棲至台南縣），那些無法無天的漁民，把打劫難船當成一種職業，就像是強盜或匪徒的行為一樣。只要有船不幸擱淺，結局就注定悽慘。

從必麒麟的記載中，可以很清楚的瞭解為何怪船難者如此驚慌，遇到上面趁火打劫的漁民就已經令人聞風喪膽了，更何況是飄到一個看起來美麗，上面出現的竟然都是說著嘰哩咕嚕話語的原始野人，這些人身上都有刀械弓箭，眼中噴著怒火，逃走似乎是唯一的生路。

我對於這番見解是很肯定的，當時的李仙得要求清廷在貓鼻頭附近的大樹房駐兵並設立砲台，用意是威嚇瑯嶠十八社遵守南岬之盟的約定，一直拖延到一八七五年起，多國要求需在當地建造一座燈塔，清廷才將燈塔委由英國人泰勒（George Taylor）設計建造並駐守，成為後來獨特有武裝防衛的鵝鑾鼻燈塔。

一場船難事件，打開了神祕的原住民世界

在龜仔用社的西北方有一座小山頭，叫做大尖山，原住民語叫做 Katza-katza，即「大」的意思；住在大尖山附近的漢人相信它是靈山，不能凝視它，否則會生病。龜仔用社人則無此說，只是在與外族打仗之前，會爬到大尖石的山頂上的巨岩東端叫做 Kapul 的台座上，進行占卜，叩問神意問是否可以參加戰爭。斯卡羅劇中的瑯嶠十八社就分布在這些區域的山中，又稱斯卡羅酋邦，也稱為瑯嶠下十八社。斯卡羅人本為卑南族知本社的其中一支，其統治領域後來大致落於屏東恆春、滿州、車城一帶，也就是我們看的斯卡羅劇中的區域。

當時的瑯嶠十八社並非都是由豬勝束社來領導，實際上是由豬勝束社、射麻里社、仔社以及龍鑾社四大邦聯所組成。四大邦聯的領導頭人分別統率其他的排灣族、阿美族、漢人聚落及平埔族部落。而阿美族、漢人及平埔族移入時間較晚，他們向斯卡羅人租地居住。在十八社內部四股邦聯平時對內有各自的統治區域，戰時對外聯合作戰。

「無人一山即傀儡大山人跡不到」（相當於今大武山）。

「傀儡番在此山後石洞內」。

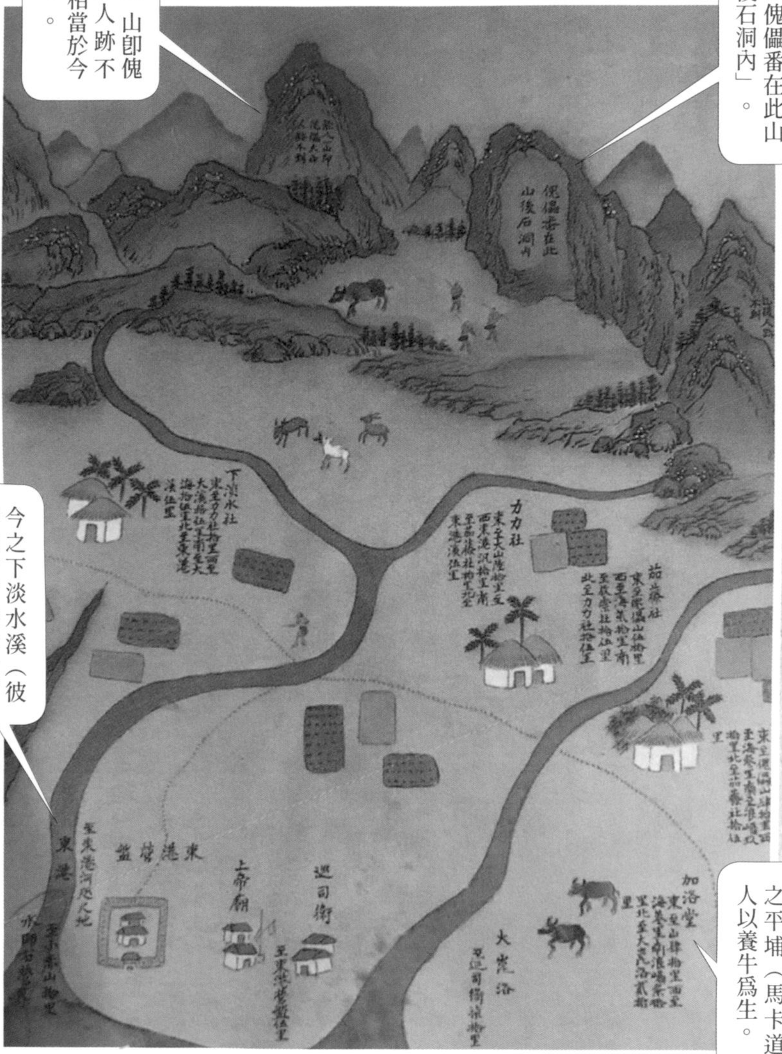

今之下淡水溪（彼時已有下淡水社）或高屏溪，當時稱爲「東港河」。

加洛堂即今加祿堂。有牛，因當時之平埔（馬卡道）人以養牛爲生。

臺灣輿圖

在瑯嶠地區還有一支特立獨行的群體──「土生仔」。「土生仔」是漢番混血後代，他們的習慣介於漢番之間，有些更能在漢人與原住民之間自由穿梭，交易買賣，是一種山地貿易的生意人，也能說得上是現今的「特許行業」。如果你認為這些「土生仔」很弱勢，那就大錯特錯了！他們有自己的武裝部隊聯盟。然而，土生仔在當時的種族之間，常常被當作雜種，是社會地位比較低的一群人。在傀儡花中，蝶妹與潘文杰的父親是土生仔，他們的母親卻是豬嘮束的公主而被排斥一事，就可以看見階層的高低。

卓杞篤的沙盤精算，南岬之盟的影響

南岬之盟雖然看似提高了卓杞篤在瑯嶠十八社的統治威信，但也徹底揭開了神秘原住民部落的弱點，這些番社的區域不再是一種不可侵犯的神祕禁地，卓杞篤的繼任者潘文杰在接位之前已經看到這一點，為了保全斯卡羅族的命脈，最後也不得不向凶狠的清軍及日本人低頭。有人對他的投降不以為然，但我依然認為他是一個眼光卓越的領導者，他的南岬之盟，也為即將來臨的暴風雨中帶來短暫的和平。

三・「八寶公主」的民間傳說

在恆春的墾丁傳說中有一位超神秘的女性外國神明，大家都稱她為「八寶公主」。這位傳奇女主角的身份一直是個謎，有人說她是荷蘭公主，但更多人猜測她可能是羅發號事件中被殺害的杭特船長夫人。這樣的身世讓八寶公主的故事更增添神祕的色彩。

在陳耀昌醫師的《傀儡花》一書中，故事一開始就把重點擺在了八寶公主的身上，讓人一讀就感受到她神秘的顯靈場面。原住民犯下了大忌，竟然誤殺了一位手無寸鐵的婦女，然後觸發了一連串的不幸事件。這招真是高明，一開始就讓人摸不著頭緒，好奇心瞬間蹭蹭蹭地飆升！

八寶公主

據說，在荷蘭統治時期，荷蘭公主瑪格麗特來到臺灣找愛人，結果船隻卻悲劇觸礁，遭到龜仔用原住民的襲擊。原住民其實不應該傷害女性，但一位勇士為了搶奪戰利品竟然殺了公主，還帶回了她身上的八樣物品，像是荷蘭木鞋、絲綢頭巾、珍珠項鍊等等，才因此誕生了傳奇的「八寶公主」。

● 王敏勳與八寶公主廟

Southern
Sovereignty:
Spring Eternity

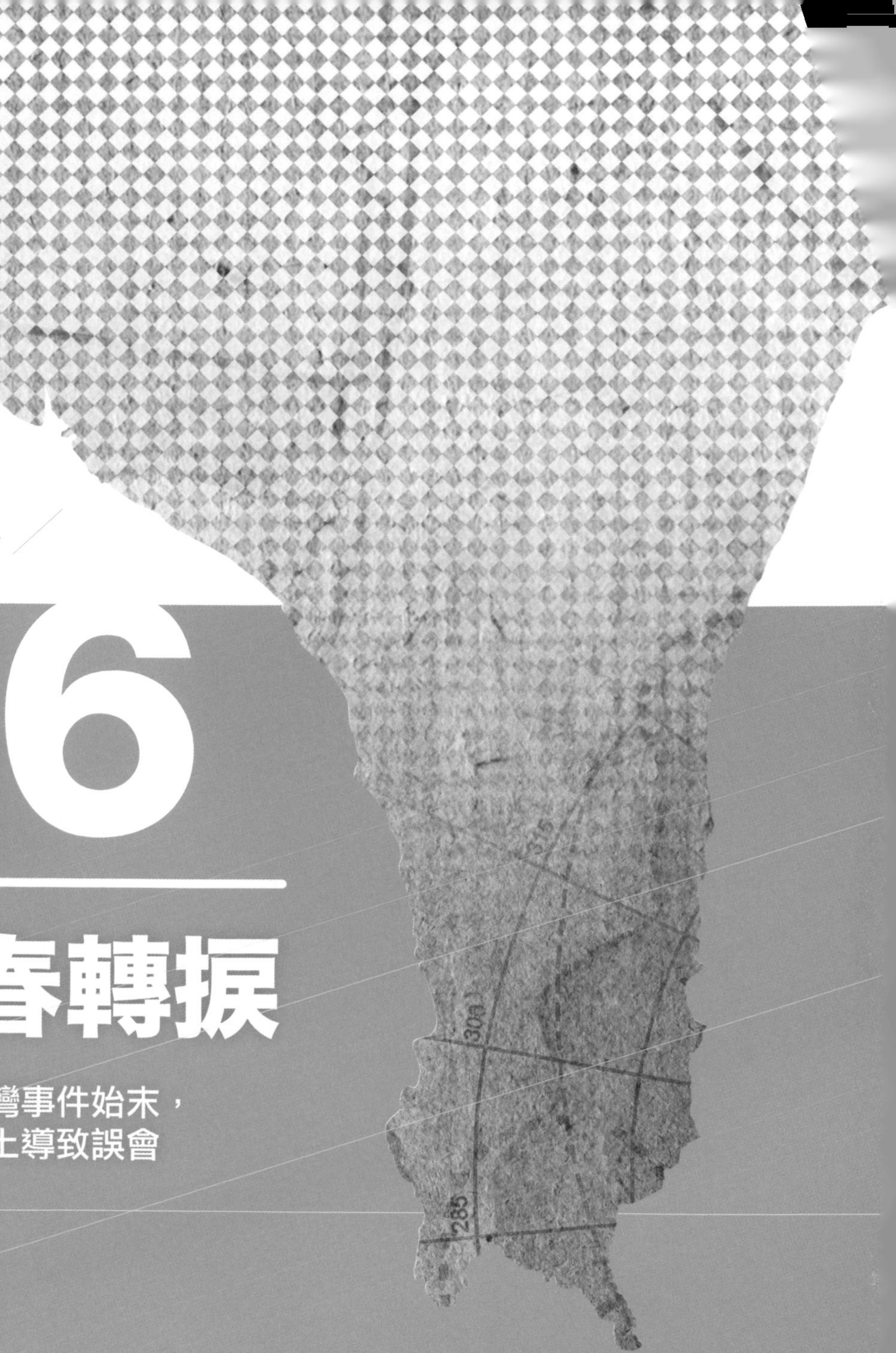

Chapter

6

第 六 章

恆春轉捩

還原八瑤灣事件始末，
為保護領土導致誤會

清朝時期，由於臺灣的紛亂不斷，清廷官員紛紛上書認為瑯嶠地區難以教化，應該將它稱為「無主之地」。然而，一八四〇至一八四二年的鴉片戰爭中，英國對清廷取得巨大勝利，開啟了不平等條約的序幕。儘管如此，清廷仍對列強的肆意侵略視若無睹，使得臺灣——這顆位於東亞島鏈的璀璨明珠，成為歐美列強虎視眈眈的一塊肥美之地。

一・是誤殺還是出草的榮耀？

在我看來，八瑤灣的殺戮是一段天大誤會所造成的悲劇啊！

原住民是一群極為看重祖先留下土地的族群，也就是所謂的領地至上，也因此常因獵地而有爭執，甚至演變到部落內的成年禮必須獵取敵對部落人頭的荒謬程度。試想一下，就連同樣是原住民的族群都會相互殘殺，而這些外國人不但面目可憎，還說著原住民聽不懂的外國番語。在無法溝通的情況下，一旦外國人感到驚慌失措，或冒犯到原住民的禁忌，「殺」就成為唯一的解決手段。

琉球進貢船示意圖

八瑤灣的悲慘事件發生於一八七一年十月二十九日。當時，琉球（當時名義上已經被規劃為日本藩地，牡丹社事件後正式歸屬）的宮古島平良親雲等人，搭乘「中立號」和「山原號」兩艘船前往那霸中山府納貢。完成使命後，他們從那霸啟程返回宮古島，途中卻遇上颱風。結果，只有中立號平安抵達故鄉，而山原號卻在太平洋上漂流。

可憐的山原號一路向南漂流了好幾天，船上的人都已經身心俱疲。由於宮古島民的生活也極盡艱困，進貢成為生存的唯一方式。一行人度過風雨，終於遠離颱風的狂襲，只見船上有人大聲喊著：「有陸地，有陸地！」。

他們看見墾丁沿岸一席美麗無比的海灣，高

興極了，但聽說那附近可能有會割人頭的原住民，卻又讓大家擔心不已。雖然如此，他們已經沒有糧食了，只好在八瑤灣（今天的屏東滿州鄉一帶）登陸。原本船上有六十九人，有三個同胞在風浪中溺斃，剩下的六十六個人上岸後，拖著疲憊的身軀沿著河床向內陸前進。

宮古島的難民在風雨飄搖中來到了八瑤灣，心中充滿著不安和恐懼。他們迫切需要找到一條安全的路。突然間，郭姓和尤姓兩位漢人走了出來阻止了琉球人。他們用手勢和肢體語言，告訴琉球人不要往深山走，因為那裡有「大耳人」會砍人頭顱。他們表示願意帶領眾人往南走，遠離危險。

雖然宮古島的難民們又餓又累，也半信半疑，

但在這荒涼的八瑤灣，他們只好跟隨這兩位漢人進續前進。他們走到了九棚大沙漠，看到了一條南向的山路。兩位漢人依然堅持主張往南走，但琉球人知道那裡是鵝鑾鼻，一片沒有聚落的荒涼海岸。

眾人心生疑慮，認為漢人多半在西岸，提議往西走。然而，兩位漢人卻堅持南行，並催促眾人緊隨其後。眾人猶豫不決，卻只好相信這兩位漢人的引導，踏上了一段充滿未知和冒險的旅程。每一步都讓人擔心，而這群難民只能盲目地跟隨著兩位漢人的腳步，期待找到新的救援。

難民們經歷著曲折的旅程，眼見着目的地就在眼前，卻遭遇

九棚鼻頭草原遠眺八瑤灣

● 八瑤灣沙丘

Note

八瑤灣在哪裡

排灣族稱八瑤灣為 Tjuavudas，意為「大沙漠」，即今日的「九棚」海岸。海岸北有「港仔鼻」，南有「南仁鼻」，中間有兩條溪流通往高士佛社。東邊是八瑤灣，擁有變幻莫測的沙丘，被稱為「九棚大沙漠」。排灣族稱九棚為 kaliavan，意指「很多」，因此有豐富的淡水和鹹水魚類。

了意想不到的事情。郭姓和尤姓兩位漢人突然變心，強取眾人的行李並將其藏匿在附近。難民們生疑不安，決定不再聽從漢人的勸阻，堅決往西前進。郭尤兩人大為憤怒，獨自離開，夜幕降臨，營造出一片驚悚的氛圍。

在這未開化的時代，眾人面對突如其來的危機，難免心驚膽戰。一行人來到了Tjaruvungvung（今馬羅望山）的西側，即高士佛部落的北邊。夜深了，他們在路邊一塊突出的石壁下設法過夜。夜晚的寂靜中，女人的啜泣聲和男人的嘆息聲彷彿交織成一曲悲傷的旋律。

「故鄉在何方，家中的妻小仍在等著我們回家，但這一趟，究竟能有多少人能夠回家呢？」

隔天早晨，這六十六名宮古島難民進入了高士佛社的領地。起初，高士佛社的居民感到驚懼，但看到這群衣衫襤褸、沒有武器的陌生人後，放下了戒心。宮古島人比手畫腳，示意需要食物和乾淨的飲水。高士佛的領袖了解狀況後，指示族人開始接待琉球人。

高士佛部落的男性利用胡瓜製成的水瓢供應水源，而女性則準備 vineljukui（蕃薯塊）。雖然在當時，用蕃薯塊招待可能顯得簡陋，但這表示高士佛人視這些難民為朋友，以友善的方式招待。

然而，這些難民渴望回家，想尋找平地人官員安排一條船協助他們回到琉球。不幸的是，此時誤會便產生了！

次日清晨，幾名高士佛社人帶著槍支出外打獵，「要求」宮古島人不要離開，卻遭到拒絕。宮古島人表示對招待的感謝，卻遭到強行挽留，最終被集中在一間屋子裡。

命懸一線的宮古島人倉皇地逃到高士佛社、牡丹社與竹社的交界。那裏有五戶客家人，分別是鄧天保、凌老生、郭姓人家、尤姓人家，以及鄭姓人家。其中郭戶、尤戶是琉球人上岸後遇到的兩戶人家，而鄧天保是當地的交易商，與周圍的牡丹、高士佛以及其他部落進行買賣。

眾人都躲進鄧家，由於語言尚能部分溝通，而漢人也確實比較有耐心，見識極廣的鄧天保很快就了解了這群琉球人的遭遇。當他得知琉球人在高士佛社受到款待，吃了 vinejukui 並住宿一晚後，他向琉球人表示，高士佛人對他們非常友善（因為有番薯跟水），是琉球人誤會了。

此時另一方面，高士佛社的獵人趕到交易站，發現琉球人在喝了水後離開，引起社人的不滿。社人對鄧天保表示，這事只能由社人處理。高士佛大聲喝問：「你們到這裡的目的是什麼？是不是準備要帶更多的人進來，搶我們的領土？」

宮古島人嚇的六神無主，無法理解高士佛人的言語。頭目一怒之下殺了四名宮古島人。在混亂中，宮古島人趁機逃竄，引發了高士佛社人的追捕和殺戮。這幾小時的血染時刻中，手無寸鐵的宮古島的難民絕不是善於追蹤獵物的高士佛人的對手，紛紛被捕殺害，遺體棄置於荒地，一共死了五十四人。

MORE STORIES

牡丹社的由來

牡丹社原本名為Sinvaudjan（新保將），是排灣語中的「葛藤」之意。另有一說，或許因聚落附近野牡丹盛開，絢爛紅色的美景震撼了當時的日本統治者，或因此而得名。

另有傳說是，很久以前有一對原住民兄弟，弟弟找到了一塊肥沃的土地，雖然對茂盛的藤蔓和爬牆虎佔據了耕地感到困擾，但還是決定在這塊土地上好好耕作。有一天，哥哥好奇問弟弟要去哪，弟弟笑著回答：「我要去新的耕地，清除那些纏繞的藤蔓和牆上的爬牆虎。」由於這片土地尚無名稱，兄弟倆決定賦予這個地方一個特別的名字，象徵著對土地的承諾和對未來的希望。於是，這個地方就得名為「新保將」，成為整個部落的名字。

二・無主之地的悲哀

沒多久，同仇敵愾的牡丹社帶著幾十名援軍趕到，繼續尋找逃亡的十二人。

他們沿著四重溪一路西行，一直到達出海口的統埔，渡過保力溪，最後在保力庄長的楊友旺家找到了這十一人。正在進行交涉時，逃避搜捕的那一人剛好被送回。這人在逃亡時誤入竹社，被當地居民綁在樹上準備殺害。楊庄長聞訊早已派人去談判，最終用兩條豬的代價將人救下。

據後人回憶說，最初楊友旺的交涉以「一牛車的酒」開始，接著加碼「六匹布」，但這些都未被牡丹社的頭目接受。頭目表示，放走這十二人，如果他們回

● 保力村長楊友旺圖

來帶著更多人來搶排灣族的領土，誰來負責？楊友旺才意識到，牡丹和高士佛社人最終擔憂的還是外敵入侵。於是，他提出最後的條件，擔保西岸海口這邊的門戶由他扼守，保證不會再讓外人侵入。我當時在想，這些保證真的有用嗎？好險高士佛人相信他，不然連他都有生命危險。真是藝高人膽大。

在楊友旺的力保下，牡丹社的人回到雙溪口時，發現五十四具頭顱都還沒有被處理。原來高士佛社遷村未滿一年，頭顱架、祭場都還未蓋好，無法舉行招魂式，因此未取人頭。後來，牡丹社的人返回再次取下了難民的五十四顆頭顱，來到牡丹溪畔山坡上一處平臺，開始了祝首與招魂式。

「祈求創造萬物的神，要接受沒有頭的身體如有頭的身體，讓我們帶回頭顱架上。請保護他們的家人，也保護我們的，使不受飢荒、疾病的侵擾。」

在悲壯的招魂式結束後，五十四顆頭顱被帶回牡丹大社，按照部落比例分配在各社的頭顱架上，成為沉痛的見證。而在悲劇發生後，鄧天保將五十四具無頭屍體就地安葬，沒有了頭顱的身軀寄託在土地中。一場誤會，造成了近六十人的孤魂在海外飄零，無法回到故鄉。你說這個出草是為了部落的榮耀，還是保衛戰的觴遑？

一場海難，六十六人中只剩下了十二人活著離開了這片土地，回到他們的故鄉，帶著不解、帶著憤恨與無盡的痛楚餘生回憶。

八瑤灣的不幸，給了日本人進攻無主之地最好的藉口，但這時在山裡的原住民，飄零在空中的琉球島民孤魂，卻永遠不知道自己捍衛權益的問題在哪。又有誰知道這一切的肅殺，卻只是政治與軍國主義下無辜犧牲的棋子之

統埔琉球藩民墓

一。戰爭的藉口總是無端被挑起，尤其現在世界各地的好戰分子與軍火商巴不得每天都發生戰爭，那些槍口下喪命的亡魂，又有多少是自願捐軀。

說到這裡，我又滿腹惆悵，久久不能自已。

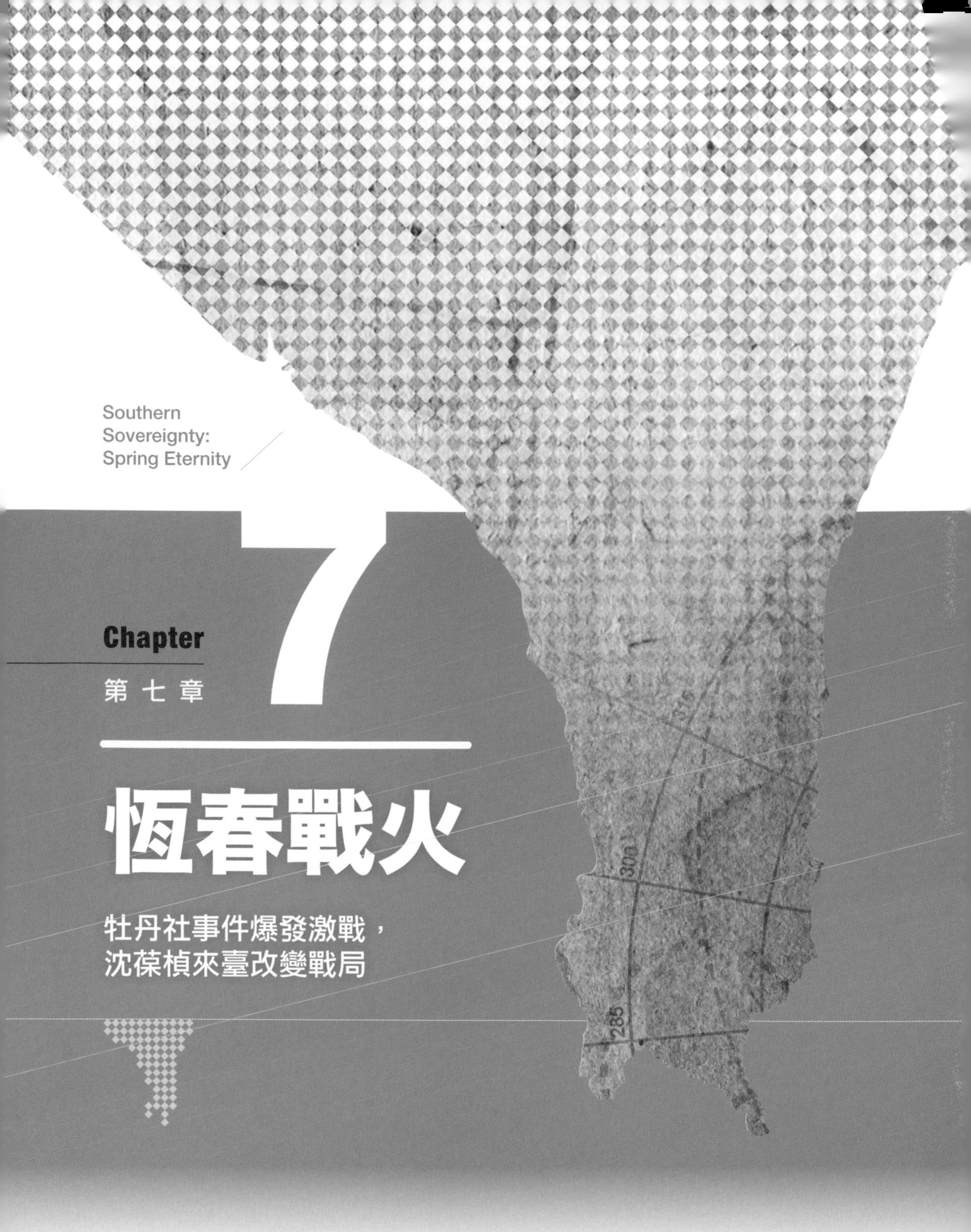

Southern
Sovereignty:
Spring Eternity

Chapter

第七章

7

恆春戰火

牡丹社事件爆發激戰，沈葆楨來臺改變戰局

一場血染的戰役即將展開，原住民部落在日軍的船堅炮利與瘋狂火槍的席捲下，短短時間就被掃蕩，守衛家園的牧丹社頭目阿祿古父子壯烈犧牲，石門峽中仍隱約聽見原民彼此警示支援嚎叫的餘響……

一・一切的關鍵：李仙得

八瑤灣的一場悲劇，讓在羅發號事件中簽下「南岬之盟」的廈門領事李仙得有所體悟。他認為瑯嶠十八社總頭目無法有效約束旗下各社（這是他不太了解原住民的緣故，瑯嶠十八社不是國家，而是酋邦共治的形式），而清廷對於要守護外來難民而承諾興建的鵝鑾鼻燈塔一事也百般推諉。

在卸任廈門領事後，李仙得因過往與瑯嶠十八社交手的經驗，寫下了許多有關南岬之地的紀錄。他與日本鷹派人士交流之後，被當時野心勃勃想入侵南方的日本政府聘為外交顧問，李仙得向日本政府強調，由於清廷的態度，立場上不應該再視瑯嶠十八社是一個政治實體，而是所謂的無主之地。

一八七四年的牡丹社事件，一八七五年沈葆楨的「開山撫番」，讓臺灣的南岬之地的烽火一波接一波。當然以必麒麟、李仙得等外國人的角度來看，清廷的放任生番殺人，損及帝國在臺灣的龐大商業利益，才是一切戰爭的禍首。

在那個時代，外國人認為臺灣是一片未開發但充滿趣味的土地，擁有豐富的天然資源。然而，中國卻對這片土地置之不理。許多人，包括李仙得在內，被派遣來這裡，以探查和經營臺灣，主要是基於他們本國的利益。李仙得在擔任日本外交顧問時，提出了超過三十條的建議書，內容包括從占領無主地區的理論基礎到攻略、經營臺灣的戰略，甚至與清廷的應對都有詳細規劃。

李仙得對當地文化也有深入的研究，例如他了解到當有人提議越過邊界並前往原住民地時，送給原住民的禮物中，必定會包括一些檳榔、荖葉和石灰，這被視為友誼的象徵。這樣的習慣，連清朝官員都可能不知道，顯示出清朝在臺灣治理方面的不足。

李仙得對原住民也給予高度評價，他認為原住民非常謹守承諾，忠誠且不貪

上 日本政府外務卿副島種臣
下 總理衙門大臣毛昶熙

金錢。然而，他也指出原住民對待敵人的殘酷行為，解釋為報復西方人過去對他們的暴行。李仙得的看法被認為比當時昏庸的清廷官員高明。

有許多人認為李仙得是造成這一切血腥屠戮的元兇，雖然他建議日本利用這個機會併吞無主的臺灣原住民地區，但試著想想，其實它也是那個世代下效忠於帝國主義的產物之一，只是後來可能連他都沒想到會有這麼多人犧牲吧！

當時不只是原住民，連漢民的海盜也讓外國商船生活不安。他們的手段並不比原住民更加人性。殺人越貨、海上遇襲的外國人被棄屍海上找不到屍骸，這樣的事情屢見不鮮。

八瑤灣事件只是冰山一角，當時的國際政治氛圍也相當詭譎。在日本變法革新後，於一八七二年廢止琉球王國，設置了「琉球藩」。當時，日本政府外交卿副島種臣向清朝總理衙門的毛昶熙解釋八瑤灣的事情，副島種臣拿出被害者中有四位日本漁民的證據，質問為何清朝不懲辦臺灣原住民。毛昶熙卻以殺人者為無主之地中的生番去回應，這讓副島種臣大喜過望，這代表要打要殺都無所謂，清朝沒閒工夫去管。

二・日本軍國主義現形

牡丹社戰役中最關鍵的人物就是陸軍中將西鄉從道，他可是西鄉隆盛，日本明治維新三傑之一的弟弟！他被任命為「番地事務局都督」，成為臺灣事務的特殊負責人，領導著一場即將改變臺灣歷史命運的冒險。

西鄉隆盛之弟，征台總司令西鄉從道

西鄉從道向英、美等國租用了輪船，並請來了美國的軍事顧問李仙得，他們的目標是對臺灣進行出兵。起初，這項行動得到了美國的支持，而隨著真相浮出水面，他們發現日本實際上是要在臺灣建立軍事據點，於是反對日本出兵的聲浪漸起。

投機的英國人見局勢一發不可收拾，趕緊對中國政府透露日本即將出兵的情報，並將矛頭指向李仙得，面對外交壓力，日本政府最終下令罷兵。但荒唐的事情來了，一心要以兵權掌國的西鄉從道卻以「戰事已經準備妥當，將在外，君命有所不受」為由拒不受命，斷然率領三千六百名官兵前往臺灣，這也成為日後日本軍國主義軍官不將明治天皇放在眼裡燒殺擄掠的前兆，司馬遼太郎稱為「官制的倭寇」（日語：「官製の和寇」）。

三・假道伐號的侵略大戲

石門古戰場（排灣語：Macacukes）的山風拂過海門天險，幽勝的景色隨著嗚嗚之鳴，使得我們在憶古之時依稀能夠聞到一股當年殺伐的血腥。石門（峽）是震撼全臺灣的牡丹社事件發生地點，位於屏東縣牡丹鄉與車城鄉交界處，距離四重溪東北方大約三公里。牡丹社部落大股頭阿祿古父子在此隕歿，遺留下來的是千萬祖靈表揚的英勇讚許。

日本陸軍中將西鄉從道意氣風發地搭乘高砂艦，率領日軍三千六百餘人從長崎出發直撲臺灣。長年管轄臺灣的閩浙總督李鶴年還是從西鄉從道致滿清國政府聲明書中，才知道人

● 牡丹社事件的主戰場石門

家已經出兵。當時的清朝官員就如前朝漢人朝廷官員的腐敗，滿腦子搜刮民脂民膏，於文治武功上卻毫無建樹。

身為地方大員而對入侵事件渾然不知，乃是死罪，驚慌失措的李鶴年用顫抖的手提筆振書，想要阻止日本進兵，但全沒將清廷放在眼裡的西鄉完全置之不理。一八七四年三月二十二日，三千六百名全副武裝，帶著精良兵器的日本兵從瑯嶠灣（車城灣，今之射寮村一帶）登陸。更荒唐的是當時傳說有駐軍兵在瑯嶠，見到日軍登陸竟也沒有阻止，日軍見此見獵心喜，於是「警告」清兵不要插手，他們要找牡丹社人討個公道。

四・驚天動地的石門血戰

到了牡丹社大戰的古戰場石門峽，石門是一個難攻易守的天然軍事屏障，入口小，後面有山勢可以掩蔽伏擊。只有火繩槍的原住民依靠這天然的陣地，還抵抗了一陣子日軍的全員撲擊。虱母山與四重溪山形成的石門天險，排灣語稱為

「macacukes」，為「相互支撐」之意，也有「抵禦外侮」的意涵。石門天險山勢巍峨，地形險要，由北側的石門山及南側的五重溪山夾峙而成的斷崖絕壁，狀似門戶，故稱為石門。

一八七四年的五月二十二日，大地初醒。

日本軍隊軍官率領炮艦與官兵在恆春半島的四重溪一帶登岸，著整齊軍裝的日本士兵從徑道魚貫而入，早有準備的牡丹社人發現日軍蹤跡，阿祿古一聲令下，部落裡的勇士雖即傾巢而出，依著自然的山險與入侵的日軍展開激戰。

砲擊聲四起，強大的爆炸威力與被炸裂的土屑伴隨著勇士的軀體一個個倒下，而牡丹社的勇士們則依靠著靈活的移動拒絕外侮進入他們守護的聖地。但再大再勇猛的戰技，只依靠傳統打獵工具的勇士

恆春古戰場

們終究難以抵抗日本帝國軍隊的船堅炮利。不到幾天內，通往牡丹社和高士佛社的最後隘口「石門」被日軍攻破，牡丹社大股頭阿祿古父子與一班勇士們在此不幸遇害，失去領袖與主要戰力的牡丹社與高士佛社被迫投降，接下來燒殺擄掠是免不了的。日軍攻陷石門後，再進攻牡丹社，展開超越限度的大報復，燒毀村莊，大量殺屠建威，附近五十七社被迫相繼歸伏。

當時的楓港（舊名風港）居民因為常年都有人被生番殺害，屢次交涉都被生番羞辱，而且當時清朝官員不聞不問，因此倒戈歡迎日人，甚至為日人提供進入牡丹社路線。而日本人確實有這個把握打贏牡丹社的生番，更值得一提的是，他們早有在此駐軍的打算。

五・沈葆楨來臺，情勢逆轉

牡丹社事件爆發後，清朝的同治皇帝意識到事態嚴重，於是派遣沈葆楨前往臺灣，他的任務是負責處理海防和外交事務。同時，沈葆楨提出調遣淮軍，這支經歷過太平天國戰爭的部隊，具有高度的戰鬥經驗和訓練，前來增援臺灣，改變了整個戰局，也使得他在談判中佔有優勢。然而，日軍在臺灣遭受瘴氣的影響，導致大量傷亡，並且花費巨額的軍費。面對這樣的局勢，日本政府派遣大久保利通作為全權大臣，前往清廷進行談判。

然而，政治老狐狸的大久保在同年九月十日前後，與北京進行了七次談判，他一開始要求中國支付三百萬元的賠償軍費。這意味著中國承認日本有權保護琉球，失去了對琉球的宗主國地位。於是，琉球不再向大清朝進行朝貢，國王尚泰於一八七九年被迫遷往東京，而琉球群島也被劃歸為「沖繩縣」。

這段歷史可說是帝國主義對原住民的侵略，在牡丹社事件中，牡丹花因流淌的血而成為象徵，原

沈葆楨

住民意識到外來武力是無法阻擋的威脅。

然而，隨後的南番事件和莫那魯道事件顯示，日本的侵略更加深入且殘酷，原住民族在反抗外來政權統治的鬥爭中持續努力。樺山資紀在〈台灣記事〉中提到，臺灣東部或南部原住民的居住地區並非隸屬於清國主權之下。他透過「屬於支那的主權之外」的敘述來呈現這個觀點。

在抵達蘇澳後，樺山見到熟番部落正在舉行祭典，表現出對原住民傳統文化的尊重。他沒有忽視原住民原有的樣貌，並沒有對刺青習慣使用貶低的言辭。然而，樺山資紀也必須正視牡丹社的歷史傷痛，他的觀察和報告雖相對較為溫和，卻不能掩蓋後來數十年的血腥屠殺，這是歷史的罪惡十字架。

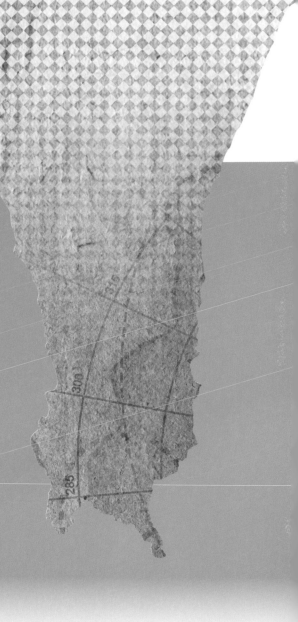

Southern Sovereignty: Spring Eternity

Chapter **8**

第八章

恆春大戰

獅頭社戰役原漢衝突，大龜文王國由盛轉衰

「牡丹社」的一場風雨，讓沈葆楨確實看清了軍國主義的狼子野心，他深知再不採取行動，臺灣遲早會步上琉球王國的後塵，但是他的開山撫番政策不僅歷經了一連串與生番部落間的失敗溝通，還讓喜歡外國人的客佬白浪遠比喜歡清朝官兵的多，於是府改成鎮，鎮就代表這些原生土地的人民，被扣上了「暴民」的罪惡之帽。

一・神秘酋邦，上瑯嶠大龜文國

獅頭社戰役發生在臺灣山區的排灣族大龜文王國，這個充滿歷史悲壯的部落在風雨歲月中傳承著驕傲的文化。那是一個被煙霧籠罩的地方，他們的祖先以驍勇善戰聞名，連面對荷蘭侵略者和鄭成功的軍隊都是不屈不撓的勇士。

大龜文王國的領袖邏發尼耀家族和酋龍家族統治著這片土地，其中外獅頭社以其勇猛的戰士和以割頭出草而聞名。他們的領土曾經橫跨廿三個村社，廣大的土地上彷彿蘊藏著許多故事。

（大龜文王國示意圖）

然而，悲劇在這片美麗的山川降臨。獅頭社戰役，是清朝對大龜文王國的一場災難性的戰役。在激烈的戰鬥中，原住民的驕傲被殘酷地摧毀，他們的土地化為戰火和血水。這場戰役的悲壯程度超越我們所能理解，死傷人數之多，令人為之心碎。

一九一四年前攝於內文舊社。左起為大股頭人邏發尼耀家族，二股頭人酋龍家族

這些大龜文社的族人相信，他們的社群自古以來就發展出了一套攻守合作的聯盟體系，用來抵禦外來的侵略。直到一八七五年的獅頭社戰役之前，他們基本上還能夠保持社群的政權、土地、人民和財政的獨立自主，可說是擁有一個「酋邦」王國的雛形。在荷蘭統治時期，大龜文王國被稱為Tocupul，也被廣泛地叫做瑯嶠條村（Lonckjou）。清代雍正二年的臺灣輿圖則將其標示為大龜文社，清代初期被稱為瑯嶠上十八番，後來改為恆春上十八番，而在日治時期則改稱為內文社。

從「開山撫番」到「開山剿番」

一八七五年的獅頭社戰役是中國「開山撫番」政策下，第一個對臺灣原住民開戰的事件。當時的駐兵游擊軍官王開俊受到沈葆楨的請託，試著安撫躁動不安

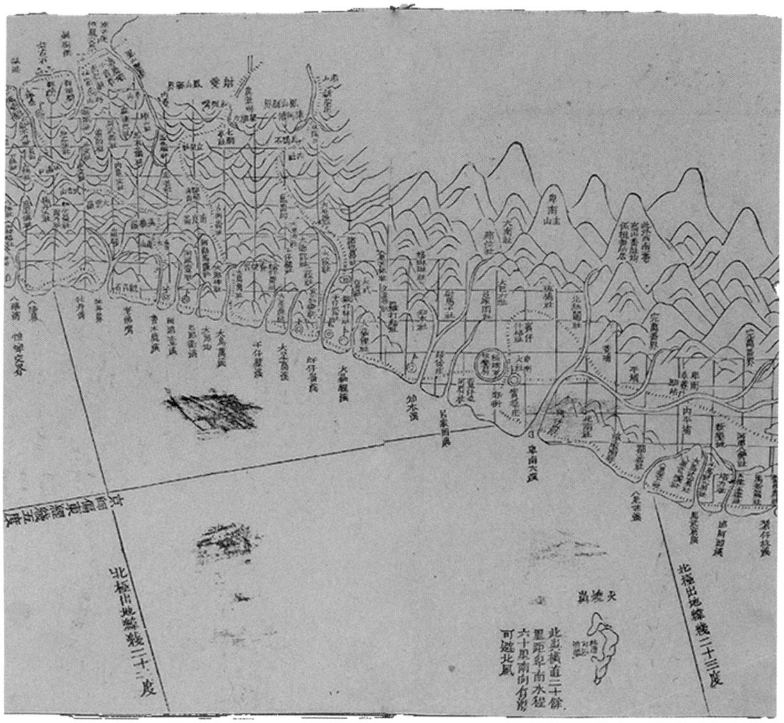

● 光緒六年（一八〇〇）刊印的《臺灣輿圖並説》地圖集

沈葆楨開山路線安排表

路線	負責人	開始時間	開山路線
南路	袁聞柝 （臺防同知）	1874 年 9 月	（1）鳳山縣赤山→卑南 （2）射寮→卑南
北路	夏獻綸 （臺灣兵備道） 羅大春 （露露提督）	1875 年 1 月	蘇澳→新城→花蓮港
中路	吳光亮 （南澳鎮總兵）	1875 年 1 月 至 1875 年 11 月	彰化林圯埔→璞石閣

的大龜文人，但王開俊想立功，恰好這時又發生自己的部屬被內獅頭社人割頭殺掉的大事情，王開俊大怒之下，親率部隊沿阿士文溪北上偷襲內獅頭社。就是這麼巧，當日內獅頭社的男人恰好外出打獵，王開俊竟然放火燒了內獅部落，殺盡部落婦孺。內獅頭社的男人得到消息都瘋掉了，回到部落抱著妻兒大聲哭喊，誓言割下王開俊的頭洩憤！

原住民雖然剽悍，但作戰時不殺手無寸鐵的婦孺，這也是所有原住民的處世原則。這些內獅頭社的男人開始在山林間設下埋伏，讓王開俊的部隊反在回程中被內、外獅部落的勇士合擊，全軍潰敗，陣亡近半，王開俊被殺，憤怒的內獅頭社人割下他的頭顱大聲嚎叫，悲憤之聲震撤了山谷，他們也將王的頭顱帶回了內獅頭。

獅頭社戰役前夕，沈葆楨因王開俊的輕敵陣亡大為震驚。雖然他莽撞過頭，但為了平息可能緊接而來的原住民聯合大反攻，他決定派唐定奎率名震天下的湘軍渡海馳援剿番，於是造成獅頭社之役。

面對不好惹的清朝官兵，大龜王裡的首領們下令正面迎擊，要用鮮血捍衛自己的土地，集結了草山社、竹坑社、本武社、外獅頭社及內獅頭社五個社群中的勇士們，組成了牢不可破的陣線。

不過，淮軍不僅要面對原住民的猛烈反擊，還得對抗當地的瘴癘和疾病。整場戰爭下來，淮軍陣亡加病死竟高達一千一百七十九人，戰爭結束後，淮軍為了紀念陣亡戰士，建了一座「淮軍昭忠祠」，但這座祠遭遇了日軍的嚴重破壞，把山丘拆平了，連祠都毀了。

● 鳳邑北門萬福廟

當地居民為了安慰這些勇士的靈魂，建了一座「萬應祠」。可是，昭忠祠的石碑卻被臺灣總督府收藏了，成為博物館的珍寶。

後來一直到一九五〇年，當地人重新把「萬應祠」的舊址建了個大廟，叫做「萬福廟」，現址在鳳山博愛路上，作為後人傳承這段歷史的見證。淮軍來臺打一場不知為何而戰的悲壯感人故事，而我們更永遠不能忘記那些為土地奮戰的山地勇士，他們才是這片山林土地真正的主人。

至於大龜文這邊，總共有五個部落被焚毀，陣亡兩百餘人，連英勇領導作戰的獅頭社大頭目遮碍（原真名為野艾）的弟弟阿拉擺（Arapi）也陣亡了。以大龜文總數五千人左右而言，損失也算傷亡慘重了。

我不能理解的是，為什麼自家的官兵要打自家人，這些清朝的官員將大龜文原住民當作太平天國在打，太平天國不是一天兩天形成的，而中國人打自家人永遠比打外人厲害。

恆春半島由於漢人與原住民間不斷衝突，原住民以此為其傳統領地，漢人來此租地開墾，竟也要向原住民頭目行從屬之禮。獅頭社之役導致往後清廷特別著重臺灣南部與東部番地的開發與管理。總歸一句，民變起於失去民心，這點沈葆楨深有體會。

二・沈葆楨的安境大計

開山撫番計劃的實施涵蓋了多項具體措施，是為了要改善漢人和原住民之間的關係，提高生活水平，減少矛盾和衝突。在沈葆楨的開山撫番政策實施之前，向原住民租土地耕作的漢民只需按期繳納租金或進貢物資，就能開心地耕種土地。原住民對於土地大小根本不太計較，而漢民則以蠶食的方式侵吞土地範圍，這也是漢人的老把戲。

為了保障大清權益，沈葆楨出了「普天之下，莫非王土」的策略，把大龜文王國的土地硬生生徵收了。原住民被要求繳稅，而漢民則變成要繳兩倍的賦稅，一份給清廷，一份給原住民。在清廷與日人的施壓之下，大龜文頭目後來對這些平地人說：「被漢人侵占的土地我們全部送給你們也沒問題，但祖先留下的土地是我們的生存之本，我們這裡有野獸可以打，有土地可以種東西，足以養活我們的族人。只要清廷不來管我們，我們就樂意接受統治。」總之，原住民是想要和平共處，只要不要來山裡干擾他們，大家就可以相安無事。

漢番衝突，點燃了日軍鎮壓的導火線

可是事情沒有大頭目想的那麼簡單，就在日軍來台沿四重溪進行偵查途中，有一名士兵被生番殺害割下頭顱，日軍以此藉口發動對牡丹社的突襲。日軍靠著先進的槍砲武器，傷亡僅有五、六人，負傷者高達二、三十人。與此同時，漢人

大龜文社的頭目

村莊一面倒向與支援日軍攻打原住民，也是出於多年的積仇。儘管牡丹社英勇抵抗，大頭目阿祿古父子等十六人仍然壯烈犧牲。這場事件也深深震懾了所有的原住民村社。

扯起順日大旗，走投無路的外來漢民

為什麼漢人願意為日軍引路攻打原住民呢？實在是因為他們也走投無路了。

面對生番不時的襲擊，以林媽守為首的風港漢人頭目對清兵徹底失望，因為他們也負擔不了「多重稅收」的苛政，於是聚集村民的意見轉而接納日軍，日軍大方的承諾鄉民會替大家打蠻子，只要他們接納日本皇軍的保護，風港庄民甚至允許日軍駐紮小營，還主動替他們找軍營用地。

日軍又得知刺桐腳、崩山等庄皆納稅於大龜文社，也出現跟風港一樣的情況，就在王媽守、阮有來，林海、陳龜鰍等一群人的不實翻譯下，終於帶著受騙的大龜文頭目之弟取類、竹坑頭目乾日漠等人來到日軍軍營，接受賜刀與旗號。

當時日軍在風港（今楓港）附近扎營，沈葆楨派了枋寮巡檢周有基去應對被捕的原住民。同時，他還特地找游擊軍官王開俊，要他製造日軍和當地居民間得矛盾，破壞日軍和居民間的合作。

沈葆楨聲稱接到王開俊回稟生番已與刺桐腳庄和好，日兵也如約按兵不動。不料立刻就傳來刺桐腳五位庄民被獅頭社番殺害，清兵游擊軍官王開俊麾下營夫二人亦遭擊斃的消息，在百姓不斷請求保護的聲浪下，光緒元年，王開俊決議帶兵進剿獅頭社，卻使自己被砍頭，旗下官兵死傷慘烈的意外，開啟後來沈葆楨剿番慘不忍睹的山林血戰。

當時刺桐腳的頭目阮有來曾經告訴日本人：「大人，我們庄裡每年耕種所得，都要納稅給大龜文頭目，每遇到部落的大頭目巡視的時候時，還必須卑躬屈膝的行上大禮迎接。」日軍聽了覺得不可思議，更何況聽說只是去個山邊水邊砍個柴，頭就不見了。可見山裡的生番對日軍未來的治理，確實是心頭大患。

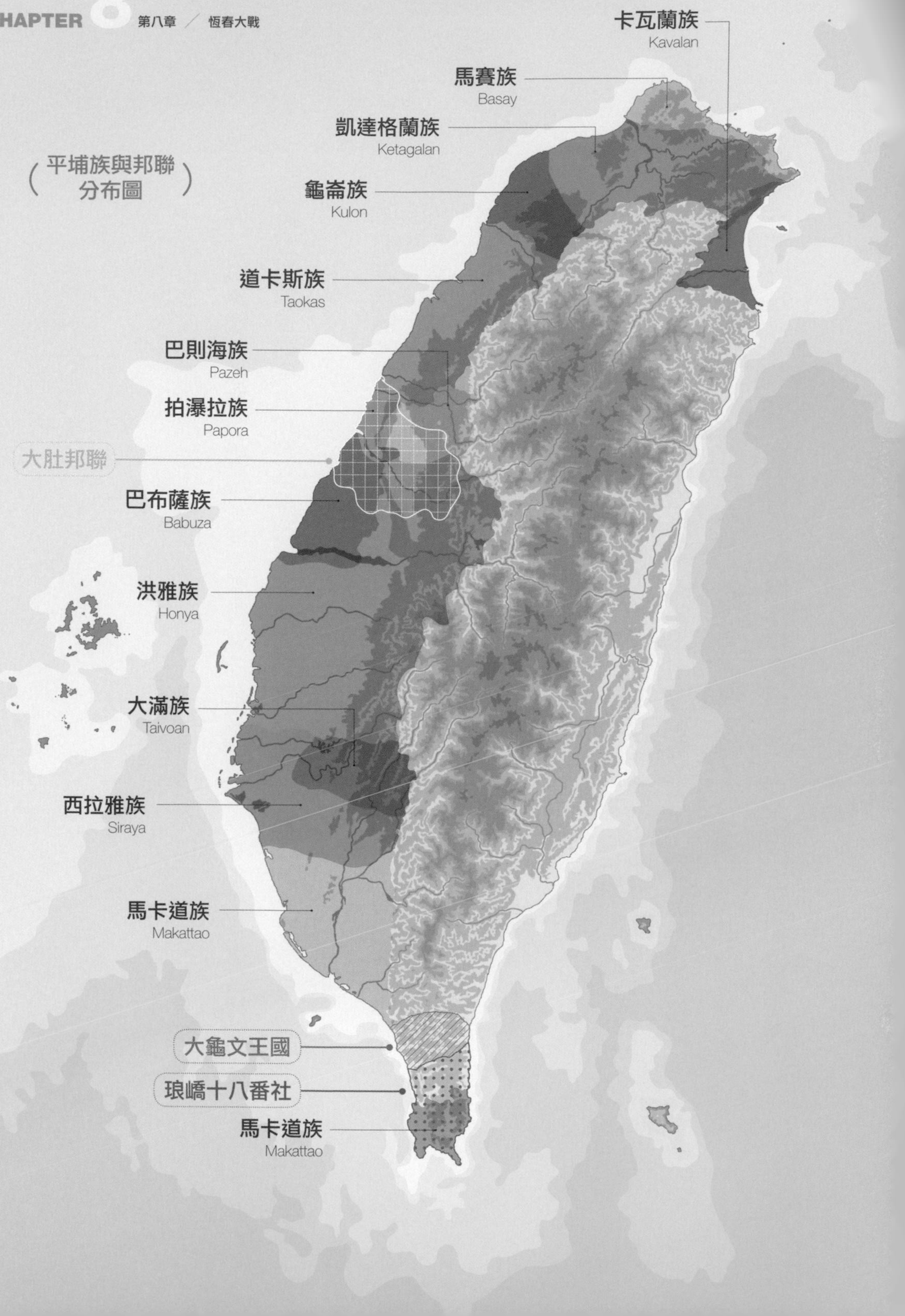
平埔族與邦聯
分布圖
卡瓦蘭族
Kavalan
馬賽族
Basay
凱達格蘭族
Ketagalan
龜崙族
Kulon
道卡斯族
Taokas
巴則海族
Pazeh
拍瀑拉族
Papora
大肚邦聯
巴布薩族
Babuza
洪雅族
Honya
大滿族
Taivoan
西拉雅族
Siraya
馬卡道族
Makattao
大龜文王國
瑯嶠十八番社
馬卡道族
Makattao

三・悲壯的內外獅社大戰

沈葆楨經過刺桐腳得知，獅頭社番又發動襲擊造成多人傷亡，包括王開俊營的軍夫。這讓沈葆楨極為憤怒，他派郭占鰲前往獅頭社捉拿兇犯，卻遭遇挫敗。王開俊因對同袍的仇恨和對生番的輕視，決定親自帶兵進攻獅頭社，報仇雪恨。

王開俊在戰鬥中身亡後，沈葆楨深感責任，上奏清廷請求撫慰。唐定奎和沈葆楨在面對危險的情勢下，決定清除障礙，切斷獅頭社的外援。他們認為廓清入山路徑、設置隘口，並層層進行剿滅是取得勝利的唯一道路。

為了實現這些策略，唐定奎和沈葆楨分為東路和西路，分別攻擊內獅頭和外獅頭等社。然而，在清軍佈防的同時，獅頭社番趁機反擊，對前營兵勇發動襲擊，造成多人傷亡。由於山路險阻不通，唐定奎下令招募五百人成立有字營，協助前營兵勇。同時，郭占鰲也募得五百人組成鰲字營，協助其他部隊，共同應對這場複雜而激烈的戰役。唐定奎則親自督導修建寬約三十丈的山路，以便運輸火炮。

西路淮軍攻克草山社，進駐軍於獅頭山背，登高致敵，距離外獅頭社僅二里，為接下來的行動做準備。

淮軍低估了原住民的戰力，在竹坑山口遭遇生番的激烈襲擊。但是淮軍還是靠著人數與優武力成功擊退原民，又過了約一個月後，淮軍終於成功大破內獅頭社，生番頭目野崖之弟阿拉擺鎮也不敵而亡。儘管外獅頭社的勇士奮力抵抗，但面對淮軍的大砲和新型槍枝，陣亡人數節節攀升，最終還是無法抵擋淮軍的攻勢。

後來沈葆楨部屬田勤生率隊巡山，在內獅頭社山麓找到王開俊的首級。唐定奎更特別要求郭佔鰲和其舊部兵勇，一同列隊哀悼這場悲劇。

四月中旬，淮軍攻下了獅頭社，番社逐漸平靜。然而，在這場戰爭中，淮軍有將近兩千人死傷，他們的名字被刻在鳳山縣的昭忠祠，每年春秋都有紀念儀式。這些淮軍的遺體部分被安葬在北門里的武洛塘山。昔日的「敕建鳳山昭忠祠」在日治時期拆除，現在社區努力推動遷葬計畫，打算在武洛塘山建個武洛塘公園，重新安放昔日的碑文。

這場無謂的戰爭造成了許多生命傷痛，真的剿番收到成效嗎？其實不然，歷史後來證實，剿滅獅頭社只是替日本人完成他們本來想做的事情，果然不久後的甲午戰爭，日本不費吹灰之力，就讓臺灣風雲變色，成為太陽旗下的悲慘殖民地。

Southern
Sovereignty:
Spring Eternity

Chapter
第九章

9

恆春戲劇

跟《斯卡羅》逛恆春，
探訪劇中的美麗秘境

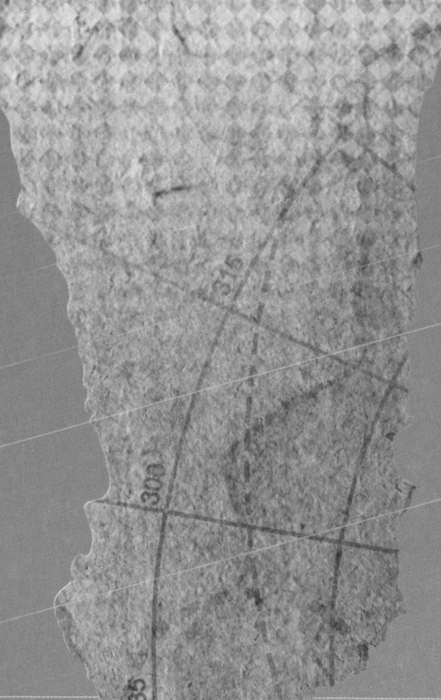

《斯卡羅》說盡了百餘年來不為人知戰爭下的秘密，陳耀昌醫師筆下的《傀儡花》與《獅頭花》，更挑出了當時外國勢力與福佬客佬，以及夾在中間平埔族人的地域生存鬥爭，藉此窺探恆春家族建築現貌，以及守護恆春居民的信仰力量，在藉由半島上的奇特景色，來讓人詠嘆在這片蔚藍山海間所發生的前塵往事。

一・從《斯卡羅》片場循古蹟

公視大戲《斯卡羅》上映之後，成長於恆春的我也感到十分的振奮，我們姑且不論劇中的劇本與原生小說的差異性有多少，這部戲揭開了一八五〇至一八八〇年恆春南岬之地的愛恨情仇。

《斯卡羅》一劇改編自臺灣小說家兼醫師陳耀昌的臺灣文學獎金獎小說《傀儡花》，劇中描繪了一八六七年臺灣恆春半島羅發號事件。由《一把青》金獎導演曹瑞原執導，邀請吳慷仁、溫貞菱等演員參與演出。故事涵蓋清廷、明末清初移民、外國人、平埔族與山地原住民之間的地盤爭奪，以及守護祖靈土地的奮戰精神。

在《傀儡花》中，我看到陳醫師筆下生動而細膩的歷史小說。雖然小說中有些情節被杜撰，但整體來說，陳醫師對歷史考據和地理探究都非常嚴謹豐富。這部小說以大輪廓的方式描繪了恆春地區兩百年來無數先民與原住民勢力的衝突，呈現出眾多人文史蹟和美麗風景。

隨著《斯卡羅》一同進入百多年前的歷史，我們將探索這個充滿魅力的優勝覓地，重溯古蹟，身歷其境，彷彿成為《斯卡羅》鏡中的人物，一同述說這段深具意義的歷史。

二・《傀儡花》的真實地點

《斯卡羅》1 墾丁小巴里島岩

小巴里島岩是一個超級熱門的浮潛地點，據說羅發號的難民當初就是在這上岸。《傀儡花》中還有龜仔甪人向洋人出草，傳說杭特船長夫婦就在這水域遇害，雖然有些原民研究者認為龜仔甪人沒有砍下夫人的頭，但後來的傳聞和和解儀式讓八寶公主成為了杭特夫人的代名詞。

那些是過去的往事並不影響這裡的美景。「小巴里島」是墾丁半島上灘岩最有名的地方，被稱為墾丁秘境，沙灘上的珊瑚礁奇形怪狀，有高有低，看起來就像是大自然的藝術品，簡直美得不像話。岩石和灣口也讓這裡成為浮潛天堂。其實小巴里島岩不僅是潛水和玩立槳（SUP）的好地方。附近還有超級有名的百元邱家生魚片，或者你也可以去附近的討海人海產解饞。這片區域離核三廠的出水口也很近，從恆春開車過來大概十五分鐘，建議你來到這裡一定要去感受一下！

《斯卡羅》2 里德社區 欖仁溪

在《斯卡羅》裡蝶妹的母親原來是豬勝束的公主，因為愛上了到豬勝束賣貨的客家人林老實而勇敢翻山越嶺，不顧族人反對，去追求她的愛情。劇中描述了欖仁溪的景象，蝶妹跨越溪水時呼喊著媽媽，斯卡羅部落的勇士們跟著溪水奔跑，還有卓杞篤在瀑布處勸告族人和漢人和平相處，這條路是劇中瑪祖卡前往部落的禁忌之徑。

屏東滿州鄉的「欖仁溪」是一個藏在山間的秘境。溪水穿越欖仁樹林，最後流入太平洋，風景美不勝收。由於四周都是國家公園，這片低開發的原始森林被保護得很好，充滿了自然風貌。如果你想親身體驗這美麗的地方，可以參加「里德社區發展協會」提供的「欖仁溪生態遊」行程，只要六人就能成行，還有當地導遊提供專業的生態解說。另外，聽說欖仁溪這裡也是國內賞鷹的一個熱門景點。以前當地居民會上山獵鷹，但現在在屏東縣政府和墾管處的協助下，里德社區轉型成深度生態旅遊，推出了賞鷹遊程，由當地居民擔任解說員，帶領遊客深入了解當地的文化和生態。

《斯卡羅》3 墾丁 情人灘

在溝通不良的情況下，美國少將下令登陸，意外發現羅發號船員全都喪命於原住民的手下，他於是決心報復，而軍官麥肯齊不幸在此陣亡。海軍戰艦登陸的地方就是墾丁青年活動中心的「情人灘」，而一旁的礁岩區，則是巴耶林和龜仔用人擊退美軍後，眺望遠方撤退船艦的地方。

劇中拍攝的情人灘就在現在的青蛙石海濱公園旁邊，公園裡設置了完善的遊憩景觀步道，吹著海風，這裡特有的棋盤腳、水芫花、草海桐盡收眼底，更有看不完的美麗的珊瑚礁景觀及海蝕崖和蜂窩岩。在這裡可以非常清楚的看見巴士海峽，也能瞭望鵝鑾鼻燈塔、貓鼻頭與沙灘夕照。情人灘為珊瑚環繞中的一處潔白

情人灘上的王敏勳

的貝殼沙灘，更是看夕陽的好景點。真難想像當年還有曾遭受砲擊的慘烈情景，戰爭不就是利益造成的最大傷害嗎？

《斯卡羅》4 牡丹鄉女乃溪

在《斯卡羅》第一集中，巴耶林與龜仔用族人在山林間全速奔跑，磨刀霍霍準備到龜仔用的岸邊攻擊外來的入侵者的那條溪水，就是位在屏東牡丹鄉的「女乃溪」。女乃溪上游的「女乃社」，傳說在一八七四年後已再無人到此，但目前此場景為部落私領域。

王敏勳在情人灘拿著珊瑚石

我聽說早期排灣族人除了透過狩獵來維持生活溫飽，還會到溪邊捕魚，聰明的原住民就利用植物魚藤汁液帶有麻痺的性質捕捉鮮美的魚。在女乃溪旁的佳祿奶生態園區，原民身分的導覽員會帶領大家一同捲起褲管撩溪水，帶著大家拿著石頭拍扁魚藤，讓它乳白色的汁液流入溪流，越多人進行、拍打時間越長，因被麻痺而浮上水面的魚就越多，而大自然也會自行代謝這天然的樹液，現在想想，侏儸紀公園中馬爾康先生的名言：「生命總會找到出路」，實在是一句非常符合環保的自然法則。

《斯卡羅》5 滿洲 鼻頭草原

《斯卡羅》中，由蝶妹帶領領事李仙得和必麒麟進入部落前，經過那片美麗壯闊的草原，就是在滿州的「九棚鼻頭草原」取景的，在這裡可眺覽恆春縱谷平原與蔚藍的海峽風貌。屏東滿洲的東北角在落山風與海水沖刷的交互作用下，形成全臺最大的海岸沙丘地形。二〇一九年在政府支持下終於開放導覽觀光，讓旅人珍惜美麗景致之餘，還能體認先人的生活艱辛。在九棚鼻頭草原步道前半段的沙丘地，行走起來只能靠腳尖用力，再會走的人也沒轍，當地導覽員說，如果你在四十年前來到這裡，吃飯時風一吹，整碗就是滿滿的胡椒沙。

《斯卡羅》6 恆春 大尖山

《斯卡羅》裡，斯卡羅部落的聖山其實就是墾丁的「大

尖山」。如果你有看到最後一集，那一幕由斯卡羅大股頭卓杞篤帶著眾人唱歌與祭告祖靈，場面是如此的莊嚴又肅穆。這神聖的儀式是在大尖山舉行的，大尖山是「墾丁十景」之一，海拔高三百一十八公尺，是墾丁國家公園境內最為顯著的地標。大尖山高聳入雲，象徵著原住民對祖靈至高無上的敬仰。有人形容從南北兩側望去，宛如大霸尖山的聖稜，因此又被稱為墾丁的大霸尖山。目前大尖山已不對外開放攀登，實際拍攝場地屬於行政院農業委員會畜產試驗所恆春分所的管轄，是牛隻放牧區，是不對外開放的。

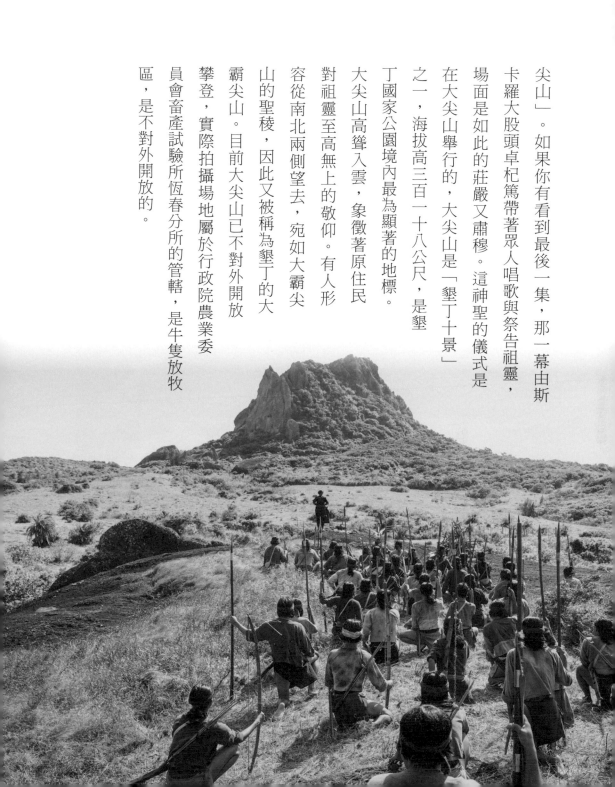

《斯卡羅》7 卑南道旭海端

有一條超級酷的古道，據說是斯卡羅族當年從臺東遷移至屏東的道路，也是原住民東西橫移交流的重要渠道，現在被縣政府命名為「旭海觀音鼻自然保留區」，古道位在臺東南田到屏東旭海之間，被譽為「天涯海角」，變成了臺灣最後一條非公路化，保留「純天然」海岸的交通線。有人說真正的阿塱壹古道是橫越中央山脈，是從西到東的移民路線，以前日治時期還叫阿塱衛越嶺道，和阿塱壹在音譯上可是有差別喔。

卑南族的一部分人移民到瑯嶠（現在的恆春），他們的路線超有趣，從恆春縣城東門開始，穿越山路經過射麻里、豬朥束、驫古公，甚至還越過了分水嶺，最後到達卑南，全程約一百二十公里。

《斯卡羅》
8 車城 悠客馬場

你知道《斯卡羅》第三、四集裡的清廷和洋人是怎麼從府城到瑯嶠的嗎？就是一大群軍隊騎馬經過的那條溪流，居然就在知名的四重溪車城鄉裡的「悠客馬場」現址。

這地方坐擁山川水景，還有開闊的天然騎乘路線，就這樣成為了超有名的「馬匹繁殖場」，而且還是全臺唯一的「野外溯溪專業騎乘場」。想像一下，就像劇中場景一樣，軍隊乘馬經過這片風景秀麗的地方，士兵們自內心發出內心的讚美之聲，讓我們一起來感受這片獨特的馬場風光吧！

Southern
Sovereignty:
Spring Eternity

Chapter

第十章

10

恆春探古

古城 · 廟宇 · 老建築，
見證恆春的輝煌歷史

恆春不僅是半部臺灣史，更是文化古蹟的寶庫，古城、家族建築、傳統廟宇等，應有盡有。漫步在恆春的街巷間，彷彿穿越時空，彷彿能聽見歷史的低語，感受著古老建築所承載的故事。古城牆守護著歲月的痕跡，見證著恆春曾經的輝煌。家族建築則是家族情感的結晶，凝聚著家族的歷史與記憶。而傳統廟宇則是民間信仰的象徵，是人們心靈的歸宿，也是文化傳承的重要場所。在這片寶庫裡，每一處古蹟都像是一本打開的書籍，向我們述說著恆春的過去與現在，讓我們在探索中體驗著文化的厚重，歷史的深邃，以及生活的豐富。

一・恆春古城

恆春古城是一座具有豐富歷史的城池，曾於一九七九年被內政部暫定為一級古蹟，但在後來的修復過程中，於一九八五年被重新指定為臺閩地區二級古蹟。

在二戰後，城牆的東門段於一九六三年和一九六八年相繼遭到拆除，城垣雖然受到雜草蔓生的侵襲。然而，為了保存這片歷史遺跡，

王敏勳與恆春古城南門

南門城樓在一九八〇年進行了整修工程，東門及城樓也在一九八三年接受整修。

這裡的四座恆春城門歷經時光的洗禮，至今仍然保持著當初的風采。屏東縣政府目前也在不懈努力進行城垣整修，希望未來能更好地展現恆春古城的獨特風貌。

這座古城的建築和布局可謂充滿老祖宗風水的智慧。專家認為四座城門的巧妙設計符合風水的「四勢」理念。東西有山守護，南面面向西屏山，北邊依賴著三台山，形成了極佳的風水格局，也相對的帶來的平和寧靜。

這座古城的城牆建造更是巧奪天工，使用了古老的版築夯工法，混合

恆春古城北門照

了糯米糊、蔗糖漿、牡蠣殼灰，讓城牆表面呈現層次豐富的夯築痕跡。四座城門上都豎立著城樓，而下方的開放門洞更是別具巧思，應該是當初守禦城門的槍炮架孔。今日，儘管有些城樓已經歷風雨，但東門和南門的城樓已經經過重新建造，我們可以由這座古城所呈現的風水格局和實際防禦需求，窺見各種古城特色。

門額特色　四座城門使用玄武岩建材，陰刻字體，框飾、咾咕灰漿粉飾，進行彩繪。

砲台建構　四城門砲台，四門大砲，兩正向前，兩傾斜四十五度，花崗石基座承受後座力。

城壕功能　護城河，強化防禦，城壕土方再利用，大部分已填實或作排水，東門城外保留城壕遺跡。

雉堞設計　增加防禦，西門城台保留雉堞，其他多為一九八〇年後整修。

慢道和馬道　西北門登城慢道完整，馬道用閩南磚丁字鋪設。

女　牆　位於城外垣上，高度及腰，類似欄杆功能。古代城市建築的智慧。

左頁上 恆春古城北門／左頁下 王敏勳與恆春古城

北門

西門

二．雋永的在地家族建築

北門張家

北門張氏宅邸建於清光緒初年（約一七三六年），和恆春古城約略同時興建的一條龍樣式之古厝。據傳是頂五房第六代孫張文珍，為了耕作和管理北門外的八十幾甲田地，才決定在北門的東門溪畔蓋了這間家屋。張家後代張洧齊口述：「張文珍委託澎湖石匠，就地取材滿州欖仁溪楓港石，混以石灰紅土砌造閩南一條龍五間式建築。」

北門張家祖厝的建築主體是用紅

● 張家現代照

磚、薄形磚和滿州欖仁溪楓港石等多種材料混合而成的。整個建築呈現典型的閩南一條龍五開間的風格。正身前的外牆使用了斗子砌（金包銀）的工法，而內牆是用土墼磚外糊上灰泥構成的。在狹窄的「巷路」上方，有柵欄，成為一個典型的儲藏空間。巷路的兩端則有圓拱形的側門。

室內的正廳裝飾豐富，正廳前懸掛著六角形的燈樑，上書著「金玉」、「滿堂」，並有一對宮燈懸掛其中。正殿擺放著八仙桌，供奉著張家族崇敬的觀世音菩薩。右側則擺放著「清河堂張家歷代祖先之牌位」。室內的陳設簡單而莊重。

正廳接近「巷路」處的左右門通向長輩房，而開向正廳的門方便老人家將屍體快速移靈到正廳，符合漢人「壽終正寢」的傳統習俗。前庭現在被改建成停車廣場，而古厝的保存狀況欠佳，需要面對復舊的各種困難。

滿州尤家

在清朝的晚期，人們開始改變主要的古道，從射寮經西台地到大樹房。最早的聚落是太平頂，雖然這片地區水源較少，但卻是離原住民最遠的可耕地。最早開墾這片土地的是以尤姓為主的拓墾者。據《恆春尤氏族譜》所述，乾隆中葉，尤姓先祖就來到這裡開墾。他們在臺灣育有六子，後來散居在太平頂、茄湖、新街等地，並在茄湖建立了祖廳。因此，茄湖成為部分尤姓人家視為開基地的地方。恆春半島上的尤姓家族大多會回到這裡的尤氏宗祠，祭祀他們的先祖。《恆春尤氏族譜》記載：「尤祖尤翁章直，為乾隆中期自泉州永春縣逢壺鄉魁源村來臺，迄今已經兩、三百年，當年在恆春茄湖奠根基⋯⋯。」

滿州尤家

陳氏宗祠

恆春陳家宗祠位於德和里，根據祖先牌位顯示，這座宗祠在一九八二年壬戌年重新整修。陳家宗祠的起源可追溯到陳陞，他在康熙五十一年（一七一二年）

● 陳氏宗祠位於德和里，於一九八二年壬戌年重新整修

誕生，並於乾隆四十二年（一七七七年）離世。陳家的祖先起源自福建漳浦縣，一七三六年抵達臺南安平。當時，來臺的兄弟分往北和南發展，而陳陞則是恆春陳家的始祖。一七八五年，他的妻子帶著兒子來到恆春。據說，大力士陳尊賢就是在恆春的陳家宗祠附近誕生的。然而，值得注意的是，陳家的母系始祖查某祖是放索社族人（鳳山八社平埔族人）。至於傳說中的大力士陳尊賢是第三代，生於嘉慶二年，卒於同治七年。

陳家後代的陳哲理先生提到，陳家的第一代祖先來臺時，兄弟們帶著保生大帝神尊，祈求在渡海過程中獲得庇佑。宗祠至今仍供奉保生大帝，每隔三年舉行一次「謝宴」儀式。而現今在恆春的這尊神像是後來重新刻製的，原先隨族人帶到臺灣的那尊神像則遷往了池上。

● 今日的陳氏宗祠

林氏家族

來到恆春水坑，這裡曾經是林氏家族的瓊麻產業據點。在上世紀四十年代，林萬成家族冒險地參與了這個新興產業，他們開設了一家佔地三甲半的民營工廠，成為當地經濟的引擎。

然而，隨著時光流逝，這片土地後來被劃為特別景觀區，對於林氏家族來說帶來前所未有的挑戰。林家的第九代成員，包括林博文等幾位兄弟姊妹，深感家族歷史的消逝。為了保存這段歷史，他們下定決心展開了一項雄心勃

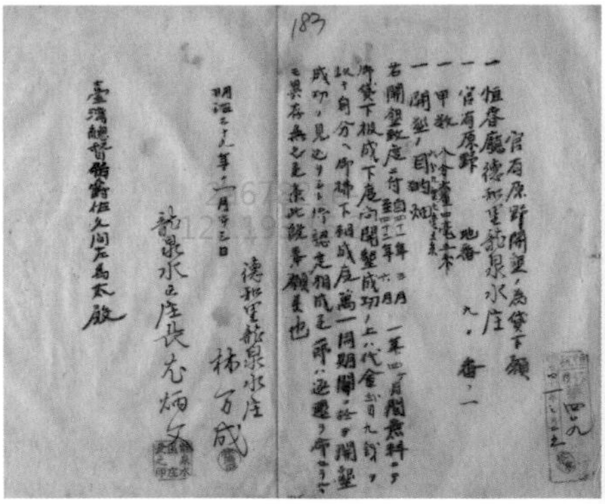

183
恆春廳德和里新泉水庄
官有原野
甲數
開墾
德和里新泉水庄
林万成
新泉水庄庄長
臺灣總督

上左 林家過去的瓊麻產業據點，現況為特別景觀區
下左 先祖林萬成獲總督府承認之開墾許可證
下右 林家的第四代成員計劃將這片土地，未來規劃為「萬成水坑環境教育園區」

勃的計畫，將這片特殊的土地整理成「萬成水坑環境教育園區」，在新時代找到新的定位，再次回饋於社會。

回溯到日治時期，恆春水坑是由曾祖父林萬成開墾而來，一九三九年成為祖母林張粉與友人合夥創立的瓊麻工廠，為當地經濟做出卓越貢獻。這段家族的歷史故事充滿冒險與拚搏，為這片土地增添了豐富的歷史光彩。

上／下 舊時瓊麻工廠

三・恆春宮廟之美

大家知道恆春這個地方大約從數百年前開始，就已聚集阿美族、排灣族、平埔族的原住民在此生活，因為原居於臺南高雄一代的族群的大量進入與壓迫，這些平埔原民被迫由屏東平原向恆春半島推進。光緒元年設置恆春縣治。大家知道以前的人最重視的是地方信仰，於是大量伴隨外來移民生活中心的信仰神祉也在此奠根生基。

現在的恆春大小宮廟數量眾多，具有代表性的有恆春天后宮天上聖母遶境、高山巖福德宮福德正神回娘家、觀林寺清海洗港、八寶公主和解儀式、老祖宮老祖夜祭、城西里福德宮千秋日祝壽、經參宮送王船、南灣里南聖宮聖誕千秋祭典、南安宮三府千歲慶典、南灣里龍鑾宮祈福廟會、鎮靈宮水仙尊王王船升帆、金鳳寺觀世音遊村過火、墾丁里三奶宮聖誕千秋慶典、鵝鑾里保安宮過火等等，以下跟著我們一起參訪幾個重要的宮廟。

廣寧宮（三山國王廟）

若您對恆春的文化有濃厚的興趣，那一定不能錯過這座歷史悠久的廟宇——廣寧宮。這座廟在恆春相當有名，之前叫做三山國王廟，現在改名叫廣寧宮。這座廟的歷史超過百年，可以說是恆春最老牌的宮廟之一。

故事從清朝講起，當時一些客籍人士在猴洞山北麓集資興建了三山國王廟，最初是為了祈求平安順利。相傳清同治十三年，一位名叫梁燕的大人物在幫助沈葆楨解決一個難題時，夢到了大國王托夢，說要前來恆春為縣主。於是梁燕親自奉著大國王的指示，前往霖田的祖廟奉請大國王正金身，然後隨著軍隊來到了臺灣，最後在猴洞山的猴洞設堂安置大國王。

這座廟的題詞都是清總兵梁燕親自題寫的，他用詞「威振台揚」、「悠久無疆」、「石洞天成」等，形容這座廟的神靈非凡。而且還有歌頌恆春風光的恆春八景，真的讓廟宇香火間充滿著文學風情。

後來日治時代，一些當地的士紳開始針對宮廟進行修建計畫，特地也將城隍爺和五龍帝君也請入廟中奉祀，於是正式定名為眾所周知的三山國王廟。一九六三年時，他們進行了大殿和牌樓的重建工程，現在這廟依然是恆春的信仰中心之一。想要了解傳說中的八景石碑，就不妨親自走一趟廣寧宮，感受一下這百年廟宇的神聖與文化底蘊吧！

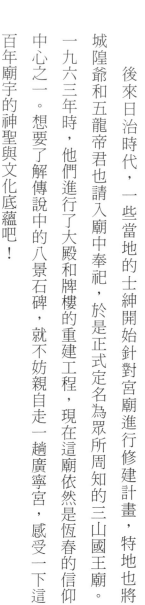

鵝鑾鼻保安宮

根據傳說，保安宮的神像最早是在臺灣清治時期，由參與興建鵝鑾鼻燈塔的工人從湄州島帶來的。最初，這尊神像被供奉在鵝鑾鼻的珊瑚礁岩洞中，然而，由於風吹雨淋且信徒前來參拜不便，後來被臨時搬移到當地居民張進秀的家中。戰後時期，信徒進行了捐款，於現址鵝鑾鼻公園左側興建了一座廟宇，並命名為「保安宮」。

臺灣本島最南端的土地公廟，就是我們鵝鑾鼻的保安宮。這個宮廟有著非常神奇的故事，首先，保安宮可是面向東方的，站在那裡你就能感受到一種特殊的

上 鵝鑾鼻保安宮的外觀／中 鵝鑾鼻保安宮／下 鵝鑾鼻保安宮的土地公

氛圍，至於什麼氛圍，應該說你就會認為氣場很旺吧！這座宮廟經過多次的擴建，真的是越來越氣派了。在二〇〇二年，他們甚至增建了屋頂上的雕塑和彩繪，讓整個宮廟更添藝術氛圍。

剛剛說到傳奇的故事，聽說在二〇〇九年的時候，有一位乩童表示保安宮的祖廟，其實是來自於湄州的一座石雕土地公小廟。當地信徒這下開始糾團前往湄州迎駕，三年內足足去了三次，還捐了五十萬元來進行祖廟的擴建。據說，其中一位信徒還根據夢境找到了祖廟，而祖廟裡供奉的土地公神像和保安宮的神像竟然一模一樣！

更厲害的是，保安宮的土地公還和恆春其他的土地公宮廟結成了盟友，包括高山巖福德宮、滿州鄉茶山福德宮、中央恆春福德宮、以及北方的車城福安宮，組成了五方土地公聯合同盟，時常一同舉行繞境的祈福活動。

車城福安宮

若提到在這本書中最出名的宮廟，莫非車城福安宮莫屬，進到車城福安宮門，就可以清楚見到左側牆上鑲嵌著一塊石碑，內文為：「奉君命，討強梁；統貔貅，駐繡房。道塗闢，弓矢張；小醜服，威武揚。增弁兵，設汎塘，嚴斥堠，衛民商；柔遠國，便梯航。功何有，頌維皇！」，此乃一八六七年羅發號事件後，李仙得與番社頭目卓杞篤於瑯嶠締結「南岬之盟」後，被李仙得置之一邊的總兵劉明燈刻字於此，此碑又稱「劉提督碑」，彰顯自己的豐功偉業。

早期，臺灣的先民主要來自福建泉州沿海地區，他們透過渡海移民，最終抵

達臺南安平，隨後轉往南臺灣進行拓荒與墾殖。福安宮的歷史可追溯至明朝永曆年間，至今已有三百多年的歷史。居民虔誠地崇拜福德正神，相信祂能神威靈驗，能消災除疫，濟困扶厄，為百姓帶來福澤。

嘉慶年間，當地居民進行多次修建與整建，並將廟宇改名為福安廟。歷經時光推移，廟宇經過多次維修，福德正神一直庇佑著眾生，成為當地供奉的重要神祇。廟宇不僅累積了千百計的靈蹟，也積極參與當地的民俗活動，匡正人心。

上 車城福安宮／／下 車城福安宮的石獅

一九五三年時，廟方再次進行資金募集，歷經兩年的改建工程，並正式更名為「福安宮」。一九八〇年再擴建三進六樓的廟殿建築，一九八七年十一月初九丑時，正式入火安座。整座宮殿建築美侖美奐，被譽為「全臺最美的土地公廟」！

墾丁八寶公主廟

《傀儡花》裡說八寶公主並非荷蘭人，而是羅發號中遇害的杭特夫人。不過當地紛說兩極，當地耆老仍堅持在明末清初（即荷治時期），荷蘭公主瑪格麗特為尋找愛人威雪林來到臺灣，船隻在大灣遇風浪觸礁擱淺，船員遭到當地原住民襲擊而遇害。原住民原本不殺女性，但勇士為了顯示英勇，殺害了公主並帶回八樣物品。這故事成為八寶公主廟的傳說。

相傳在一九三四年，有一位荷蘭公主在一位漁民的夢中託夢，表達她想回到荷蘭的願望。當地居民為了滿足她的心願，製造了一艘船，但後來公主又在夢中表示願意留下庇佑當地人。為了紀念她，當地居民建立了八寶公主廟，座落在墾丁大灣遊憩區附近的萬應公祠。

根據廟內傳說，公主的骨骸和船隻殘骸曾在海灘上被發現，目前被安置在廟內。然而，荷蘭官方強調瑪格麗特並未離開荷蘭，因此墾丁的這位「公主」可能是另有其人。近期的研究者傾向認為八寶公主實際上是在羅發號事件中被生番殺害的杭特夫人。由於兩者的故事相似，都有透過顯靈告知當地人她們的願望，因此每年仍有恆春人舉辦與八寶公主的和解祭典，表達對她的敬重與奉獻。八寶公主被視為能夠保佑恆春人的守護神，廟內供奉的主位是萬應公，並有土地公和八寶公主。

那麼，這位疑似番國公主的女子，又是如何變成「荷蘭公主」和「神明」的？一九三〇年代，有人在墾丁大灣海灘發現一具骨骸，便好心買了個甕裝起來，放在海灘邊的萬應公祠內。幾年後，地方上有人無故發瘋、放火燒屋，大家請來乩童問事。誰知道，乩童竟開口說英語，說她是幾百年前在墾丁遇害的紅毛公主，沒有船可以回家，因此在當地陰魂不散，而那具屍骨便是她的遺骨。這位公主（乩

墾丁八寶公主廟

童）表示願意長住墾丁，只要讓出萬應公祠的三分之一給她住，就不再作祟。眾人於是答應闢出三分之一的萬應公祠，獨立祭拜「疑似」紅毛公主的骨骸。

從「番女」到「荷蘭公主」再到「八寶公主」，一百多年以來這位異國女子的傳說在恆春翻了幾番，二〇〇八年，社頂部落出現傳言，說「八寶公主欲向族人復仇」。不堪其擾的部落眾人決定，正式為八寶公主舉辦超渡法會，和她達成「百年和解」，以安定族人心情。

庇佑地方的八寶公主至今依舊一手握劍、一手捧著地球儀，在當地人心中永恆地活著，她是當地人心目中最有溫度的美麗公主。

恆春城隍廟

恆春城隍廟在日治時期被夷平，傳說住了很久的城隍爺只能移尊至三山國王廟「寄人籬下」，數年前城隍爺託夢給恆春鎮長葉明順，希望能回到故地，經地方人士及信徒鼎力協助下，完成土地徵收，也已恭迎城隍回駕及完成安座開廟大典。

城隍廟的的城隍爺託夢給現代的縣太爺，這是一段在我們恆春地方上為人津津樂道的佳話，是屬於城隍爺要回家的故事，讓我們一起了解一下這段有趣的神蹟吧！

時光回到一八七五年，恆春那時正在興建現在的古城，而城隍廟則在一八九三年誕生。城隍爺當時可是位階相當高貴的「都城隍」（縣長級）。然而，進入了日治時期，官方對臺灣的民間信仰不是非常重視，而城隍爺住的城隍廟最後甚至被夷平。可憐的城隍爺只好在民間人士斡旋之下暫時搬遷到三山國王廟，尋找新的安身之地。

城隍爺在新地方沒有了自己的

城隍廟

城隍爺

城隍廟

廟宇，恆春人漸漸淡忘了這段城隍爺鎮守的英勇時刻。不過，城隍爺似乎還保留著當年的英姿風采，有傳聞在當地夜間經常能聽到兵馬喧嚷聲，據說是城隍爺在夜間練兵！

但有一天，城隍爺竟然在夢中告訴了恆春鎮長葉明順，表示他希望回到原本的地方，不想再寄宿在他人廟裡。於是，鎮長和鎮公所擲筊決定，在恆春轉運站後方找了個新的廟址。儘管因為土地徵收問題拖延，但終於在新的地方，當地居民集資近千萬元，新的城隍廟如願落成，真是不可思議！

天后宮

恆春天后宮

位於恆春的媽祖廟天后宮是康熙年間由施琅攻臺時，從湄洲媽祖奉請來臺灣的五尊媽祖之一。這座廟保有閩式建築的特色，被譽為二級古蹟，是恆春古城唯一保存至今的百年古廟。

這座廟主祀天上聖母，並供奉中壇元帥、註生娘娘等神尊。儘管廟宇佔地不廣，卻一直是恆春在地人的信仰中心。三月二十三日是媽祖的聖誕，恆春天后宮會在這一天舉行繞境及巡四城門的活動。在「三月瘋媽祖」期間，恆春媽祖每年都會到北港天后宮進香，並以「團聚」的名義邀請北港媽祖至內殿休息，據總幹事說我們天后宮供奉的是「軟身媽祖」，這是因為當年為了方便行軍，將媽祖製作成活動式神尊。這尊神尊不僅有關節裝置，連四肢也能活動。神尊的製作十分細緻，需要分開雕刻四肢和身軀，再進行組裝。神袍的製作更是包含內襯、神袍和繡花鞋，可謂是歷史悠久的國寶神像。

歷經多次翻修的天后宮，立於牌樓前的並非一般傳統的石獅，而是日治時代留下的神獸，這對十分獨特的神獸名為「狛犬」，是日本神社的守護神，有如中國石獅的臉孔，面帶和善，口無露出厲牙，耳朵直立、尾巴呈現漩渦狀，腳上無踩繡球，是全臺僅存的神獸，也是天后宮鎮廟之寶，同樣，牠也守護著每一個勤奮虔誠的恆春子民。

上 全臺唯一的軟身媽祖／下 王敏勳與天后宮

恆春鎮長龔新通陪同到訪，關心宮廟發展。

先總統經國先生曾於一九八七年八月二十八日，由當時的屏東縣長柯文福及恆春鎮長龔新通陪同到訪，關心宮廟發展。

高山巖福德宮

高山巖福德宮的由來，傳說在明朝崇禎年間，有個叫陳文成的人經常遇到一對老夫婦，他們總是往山頂走去。於是，陳文成好奇地跟隨著，結果發現山頂上有三個巖洞，景色美不勝收。他心生感應，認為這是福德神靈的居所，於是在一六三九年，在巖洞興建了福德宮，取名為「高山巖」。當地居民經常來此祭祀，尤其是找牛的牧民，相信土地公總能指引他們的方向。

高山巖福德宮

清朝末年，當地知縣沈公提議興建祠壇，為土地公提供一個遮風避雨的所在。到了一九七一年，廟宇歷經滄桑，由仕紳頭家發動了一場大規模的籌款活動，重新修建了宮宇、神殿、鐘樓、鼓閣，同時成立了管理委員會。

高山巖福德宮

高山巖福德宮號稱全臺最早的土地公廟，建在由三萬年前的海底珊瑚礁組成的山上。神像安座在一個珊瑚礁岩洞內，整個洞穴被燻成了烏黑油亮。近期，神奇景象出現了，廟廳內殿土地公神座上方的岩頂竟然轉為金黃色澤，成為參拜者的矚目焦點。信徒們相信這是土地公展示神蹟，而廟宇的重建或改建都可能帶來這樣的奇蹟。神奇吧！這就是我們恆春有名的高山巖福德宮。

恆春大光金鳳寺

恆春大光金鳳寺

相傳在清朝乾隆年間，吳初和吳裕兩位老先生從福建移居臺灣，為了保障航海安全，他們向南海普陀山觀世音菩薩祈求保佑。抵達恆春大樹房定居後，持續奉拜觀世音菩薩，並獲得神靈顯靈的感應。他們於是發起塑造金身，香火日漸興盛。初期神壇設在吳家公廳，後來信徒合力募建茄苳仔萬應公廟。到了一九三九年，信徒們共同努力募建了「西天府」。

在第二次世界大戰期間，信徒們遭受空襲之苦，仍然信仰觀世音菩薩保佑。到了一九四六年，保正吳紅陸等老先輩發起重建金鳳寺，並在同年完成。後面的歲月裡，信徒們和睦相處，二〇〇九年由於金鳳寺主神觀世音菩薩的神像遺失，信徒們開會決議重塑金身。由於寺廟龜裂，決定進行重建。自一九九一年募基開工，到一九九五年乙亥年閏月竣工，同月十八日舉行登座大典。希望未來信徒能共同經營管理，造福眾生。

國際豎孤棚觀光文化

每一年，恆春鎮都會舉辦超炫的「國際豎孤棚觀光文化活動」，整整持續兩週，真是熱鬧非凡！每次為了祈求活動平安順利，恆春鎮公所可是下了一番苦心，特地找來高達二十五公尺的綠竹，在孤棚上舉行盛大的豎燈篙儀式，足足可以挑戰金氏世界紀錄！

鎮上還會舉辦誠懇的中元普渡，整個鎮上可是布滿了二十處祭祀點，冥陽兩利，慈悲普渡。而且神明雲集，有聖皇宮張公聖君、恆春郡福德宮福德正神、天后宮天上聖母、恆春郡城隍廟城隍爺、廣寧宮三山國王三公等等，都來參與這個盛大的活動。

其實這個舉辦在東門旁邊的「豎孤棚觀光文化活動」，有很深的文化意涵，為什麼會辦在中元節期間？是因為以前我們恆春有錢的人家，農曆七月普渡之後，會把祭品施捨給貧苦的鄉親，跟大家來分享。但是以前的艱苦人太多，活得非常辛苦，好不容易有普渡過的牲禮、供品可以吃，都會爭搶鬥毆或是踩踏受傷，為了避免這樣的事情，慢慢就演變成大家公平競賽，爬得又快又高的人才能贏得獎品。

恆春鎮公所舉辦的熱鬧活動，我們可以見到官方對民俗的重視，以及對在地信仰文化的用心，不時還有來自日本、韓國、法國、加拿大等四國高知名度的YouTuber 進行實地採訪報導，我們恆春的活動，已經越來越走向世界。

四・恆春的自然風光

船帆石

有一塊巨大的石頭，如同一艘即將啟航的帆船，高聳於海中。人們稱之為「船帆石」。這塊石頭高約十八公尺，它的存在是由於附近的台地上有一塊巨大的珊瑚礁石，在某個時刻從台地上滾落到海邊，成為了海中的這艘「帆船」。

當你從社頂公園沿著新開闢的道路往南前行約四公里，你會看到這座石頭屹立在海的邊緣，遠遠望去，它就像是一艘即將啟程的帆船。然而，當你走近一點，曾有人描述船帆石的形狀酷似美國前總統尼克森的頭部，這令人佩服當事者的想像力。

船帆石的岩質非常堅硬，是由於它來自台地上方的初期隆起珊瑚礁。這種堅硬的岩石讓它能夠屹立在海中，成為一個獨特的地標。站在台地上，你可以清晰地看到這巨大的珊瑚礁岩，透由時間的見證，承載著好多好久的歷史故事。

王敏勳與船帆石

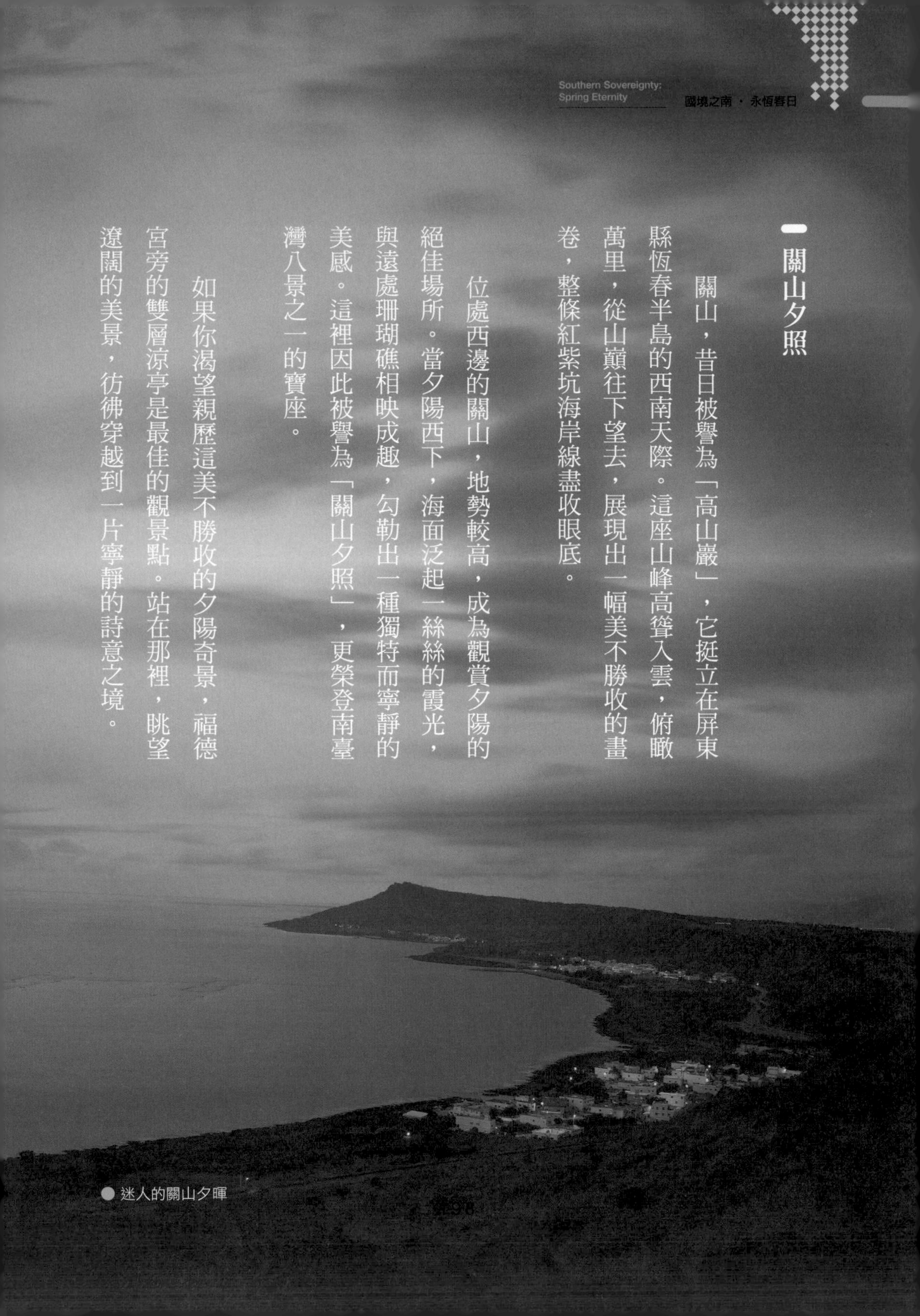

關山夕照

關山，昔日被譽為「高山巖」，它挺立在屏東縣恆春半島的西南天際。這座山峰高聳入雲，俯瞰萬里，從山巔往下望去，展現出一幅美不勝收的畫卷，整條紅紫坑海岸線盡收眼底。

位處西邊的關山，地勢較高，成為觀賞夕陽的絕佳場所。當夕陽西下，海面泛起一絲絲的霞光，與遠處珊瑚礁相映成趣，勾勒出一種獨特而寧靜的美感。這裡因此被譽為「關山夕照」，更榮登南臺灣八景之一的寶座。

如果你渴望親歷這美不勝收的夕陽奇景，福德宮旁的雙層涼亭是最佳的觀景點。站在那裡，眺望遼闊的美景，彷彿穿越到一片寧靜的詩意之境。

● 迷人的關山夕暉

許多人並不知道關山是由隆起的珊瑚礁組成的，研究顯示每年珊瑚礁岩層上升的速率約為五公厘。三萬年前，關山還隱身在海面下，山頂上的一塊岩石掉了下來就站在那裏，由於不知從哪來的，於是當地居民被稱為「飛來石」。從其組成和四周地形可以推斷，這是由於珊瑚礁的隆起經歷風吹雨打的侵蝕形成的，而非民間傳說中五百年前從菲律賓被巨風吹來的神奇之物。

墾丁出火

墾丁是一個充滿奇蹟的地方，四季變化豐富。冬季受東北季風影響，帶來落山風，夏季經常有颱風登陸，風景獨特。在墾丁半島的地下，還隱藏著天然氣。這種天然氣會從地表冒出，形成一種現象，當地人認為這是一種奇觀。墾丁的這種「出火」奇觀已有悠久的歷史，早在清朝時期的「恆春縣誌山川篇」中就有相關記載，描述了位於城東五里、三台山左邊的

王敏勳與恆春出火地質公園

恆春出火地質公園

出火地點，這個地名一直沿用至今，已經有一百多年的歷史。

傳說古時候，那裡的火焰雖小，但在冬春季節總是能看到地表上跳動的神秘火焰。夏季時，這景象就少了些。可能當時的出火地區只是一些小火源，而且還受天氣的影響，有時有、有時無。尤其在雨季，地下的裂隙都被雨水填滿了，天然氣上不來，於是就沒有熊熊火焰了。

然而，隨著時代變遷，現代人對這出火現象有更深入的了解。原來，現代的墾丁出火是由中油公司在墾丁進行石油氣鑽探後留下的結果。這些地區的孔隙比較大，火勢較旺盛，讓我們整年都能看到燃燒的火焰。雖然春季和夏季火焰有些差異，但這神秘的火焰仍然是墾丁地區的一大特色。

國家公園鐘乳石奇景

在墾丁國家森林遊樂區有一個很特別的地方，叫做「仙洞」。這個地方的超酷之處就在於裡面有好多層樓高的石灰岩洞，各種石筍和鐘乳石的形狀都超奇特，而且都被取了些有趣的名字，像是南極仙翁、嫦娥奔月還有石瀑，聽起來就覺得很神奇！

「仙洞」是臺灣最長的鐘乳石洞，長達一百三十七公尺。洞裡的鐘乳石在水流的侵蝕下成了各種奇形怪狀，而洞內的光線照著石頭，美景真的是超震撼。有個導覽員跟我們解釋，鐘乳石是因為碳酸鈣在水流下溶解形成的，速度不同就會有石筍或石鐘乳。

除此之外，仙洞周圍還有一些樹齡超過四百年的銀葉板根和盤根錯節的榕樹，真的是讓整個地方都充滿了神秘感。我來這邊感受到大自然的驚奇，心情也變得超放鬆。仙洞絕對是墾丁必來的一大亮點！

超過四百年的銀葉板根

仙洞中的石筍和鐘乳石常被取些有趣的名字

銀龍洞 一線天

墾丁國家森林遊樂區最經典的，仍是鐘乳石石灰岩洞。經數萬年的風力侵蝕、雨水沖刷及植物生長擠壓、貫穿，衍然形成一座座半封閉的鐘乳石石灰岩狹長洞穴與裂隙，自如洞穴般的銀龍洞、仙洞，逐漸發展成一線天，最後才張裂成數十公尺寬的垂榕谷、棲猿崖。因為地殼變動的關係造成岩石斷裂成兩半，反而形成一條只能容納一個人穿過的細狹通道。從岩縫中穿過時，抬頭仰望天空只見一線空隙，也因此當地就命名這裡為「一線天」了。

七孔瀑布

七孔瀑布位在屏東滿州鄉，離墾丁很近，是旅行中絕對不能錯過的熱門景點。這裡可是有著國寶級的自然奇景，溪水從高處傾瀉而下，經過長時間的沖刷，形成了七個階梯狀的孔池，所以得名「七孔瀑布」。

這個地方吸引了好多遊客前來朝聖，也是網美們的私房打卡點。整條步道大概有一百五十公尺，保留著原始的森林風貌，路面多是樹根和石塊交錯排列，四周樹叢林立，形成一片清幽的天然遮蔽，空氣清新涼爽。雖然步道不算長，但坡

七孔瀑布

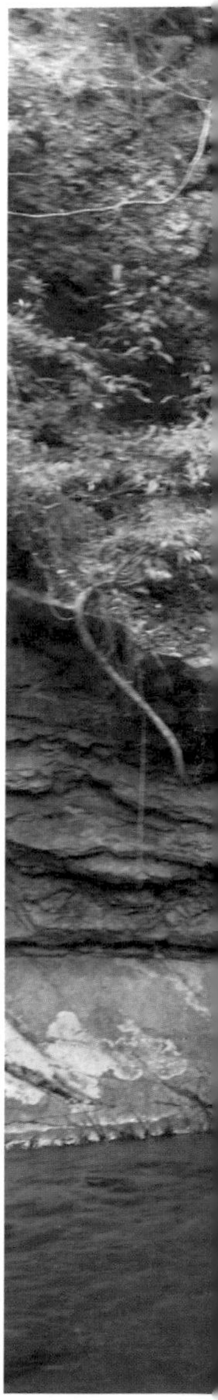

度蠻陡的，有好幾段需要用人工麻繩輔助，要攀高爬坡，所以前往的遊客一定要特別注意安全。

除了欣賞鬼斧神工的瀑布奇觀，遊客還可以實際體驗泉水的清涼。每個孔池的深度都在安全的範圍內，水質清澈而且沒有汙染，因此可以放心在瀑布旁邊拍攝美照，享受最天然的戶外冷泉。此外，七孔瀑布也提供「溯溪垂降體驗」，有專業教練全程指導，讓遊客感受輕功蓋世的刺激樂趣！

東原濕地　部落美麗的後花園

在東源濕地，有一個神奇的水上草園，這裡有一望無際的野薑花田和綠油油的草原，彷彿是進入了一個神秘的仙境。在這片草地上，有著層層疊疊的草堆，而底下則是湧動的泉水，踩在上面冰涼的感覺讓人陶醉。

東源濕地

東源濕地傳說是原住民的祖靈禁地，也是一個國家保護的重要生態濕地。這裡有許多特有的生物，像是帶紋赤蛇、大片野薑花、水社柳等，它們都在這片美麗的濕地中自由自在地生活。你可以跟著當地的導覽解說人員一起探索，了解更多這片土地的故事和文化。沿著水上草園的小徑漫步，感受微風輕拂、聆聽蛙鳴和鳥叫聲，這是一趟充滿冒險和驚奇的旅程。

海岸小村萬里桐

萬里桐坐落在屏東縣恆春鎮西側的海岸小村，擁有著令人嘆為觀止的自然美景。我將帶您探索這片富饒的海岸線，它被平行和垂直的形狀所點綴，長約一公里，呈現出多

晚霞下的東源濕地

變的海岸景觀。不論是平靜的沙灘還是宏偉的礁石，都讓人讚嘆不已。

在礁石區，我們可以發現平坦的珊瑚礁岩，淺水處是各式各樣的海洋生物的家園，包括石珊瑚、軟珊瑚、海百合和海綿。而深水區更是充滿了驚奇，海扇等各種生物在這片海域中繁衍生息。其中有一件事是其他地方所沒有的，就是當我們沿著海岸線尋找，你有可能會在礁石和沙地的交界處碰見可愛的魟魚先生呢！

萬里桐真是個神秘的潛水勝地啊！現在可是墾丁潛水的熱門景點，也是《海角七號》拍攝的地方之一。電影海角七號裡，男主角阿嘉坐在萬里桐堤防邊的場景，讓旁邊

● 夕陽下的萬里桐

的樹成了當地景點，不少遊客到這裏來都會坐在樹下拍照，走在這片海域，絕對會被眼前的美景震撼。這裡有豐富的石珊瑚，各種五光十色的珊瑚在海底跳舞，真的是大自然的奇蹟。更特別的是，在這裡你可以沐浴在美不勝收的夕陽下，感受大海的寧靜和浪漫。

在萬里桐一帶這片神秘的海域中，你不僅能夠近距離觀察石珊瑚生物，還會遇到各式各樣的小魚、貝類、海星和海百合等海洋生物，實在可稱得上是海陸姿色。

四重溪溫泉

四重溪以前這裡叫做「出湯」，後來在清朝同治年間，沈葆禎帶領兵巡臺，他涉過了四次這條小溪，所以這裡就被稱為「四重溪」。到了一八九五年，日本的憲兵在這裡建了一個小屋和浴槽，逐漸開始開發四重溪的溫泉。

一八九八年時，恆春廳長柳木通義可是為了開發四重溪，燒了不少腦細胞，他大膽地在當地設置了警察派出所和浴場，沒想到這一個舉動，竟然帶動這個地方，點燃了發展的火苗。一九五〇年的時候，

晴天的萬里桐

上 四重溪溫泉老街／下 四重溪的溫泉大街

正式把這片美景四重溪改名為「溫泉村」。

四重溪的溫泉來源可不簡單，它源自虱目山麓的石縫中，水源超豐沛，每天湧流不斷。這條溫泉溪環繞著山川風景秀麗，超級美，讓人陶醉其中。四重溪溫泉區被群山環繞，超寧靜又優雅，是有名的避暑勝地，也是臺灣最佳泡湯勝地之一。

Southern
Sovereignty:
Spring Eternity

Chapter

第十一章

11

恆春特產

檳榔・民謠・落山風，
瓊麻・洋蔥・港口茶

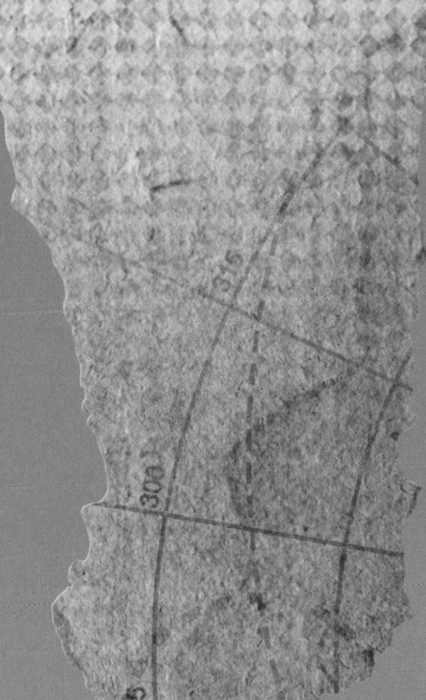

思啊想啊起，日頭出來啊伊都滿天紅，
枋寮哪過去啊，伊都是楓港，噯唷喂。
希望阿哥來疼痛，噯唷喂。
噯唷疼痛小妹啊做工人，噯唷喂。
思啊想啊起，四重溪底啊伊都全全石，
梅花哪當開啊，伊都會落葉，噯唷喂。
小妹啊想君抹得著，噯唷喂。
噯唷恰慘拖命啊吃傷藥，噯唷喂。
思啊想啊起，恆春大路啊伊都透溫泉……

落山風、檳榔與傳唱恆春的民謠，是當地人口中俗稱的「恆春三怪」，而落山風更造就了恆春三寶。接下來，我們就來認識一下我們家鄉人口中的恆春三怪。

一．恆春三怪

第一怪　「落山風」造就恆春三寶

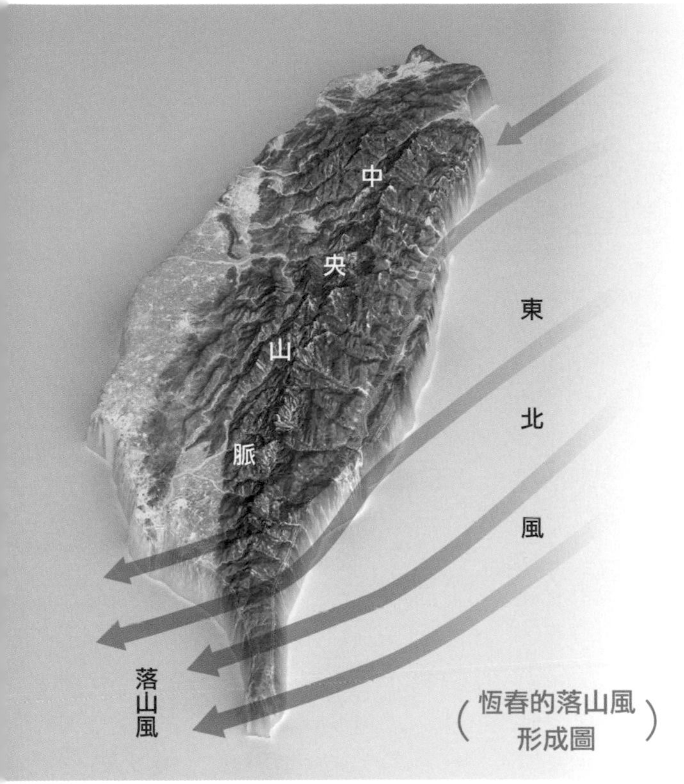

（恆春的落山風形成圖）

臺灣的十月至隔年三至四月間，因盛行東北季風，屏東南端的枋山、楓港至恆春一帶，常出現持續性的強風，狂風怒吼持續的時間可以從數小時到半月，這個現象稱為「落山風」。

落山風的瞬間風速可達六至七級，相當於輕度颱風的風速，甚至可以超過十級風，台鐵南迴鐵路上設置的枋野號誌站，它的主要任務就是偵測落山風的風速，並以號誌提醒列車調整車速。而以前常有小飛機降落的恆春機場也常因落山風，影響飛機起降。每年的十月到次年四月，超過每秒二十公尺的風速常引起岸邊漫天風沙，如同颱風來臨的景象。

獨特的落山風現象也吹出特殊的農產作物與特殊風味。例如三寶之一的「恆春洋蔥」特別甜美，據專家說便是因為地面上的葉子受強勁落山風吹拂而無法生長，並且減少了病蟲害，反而讓鱗莖得以吸收更多的養分。

恆春半島三寶中的「瓊麻」是重要的民生及軍工用品的製作原料，由於落山風的吹拂，恆春半島的瓊麻絲異常強韌，優良的品質使得恆春成為世界瓊麻原料的重要供應地之一，當地有許多農民因為種植瓊麻致富。另外，也是三寶中的「港

上 風吹砂砂丘／下 風吹砂砂河

口茶」也是因為恆春地區日照強、少霧少雨，又有落山風吹拂下，與台灣其他地區的高山茶葉不同，是唯一具有海鹽味的茶，產量稀少。這些都是在恆春落山風這種特殊氣候下的農作物。

第二怪：「姐姐妹妹吃檳榔」

「檳榔－恆邑產於番社者多，如黑棗；裹以老葉、石灰，男婦皆喜啖之，不絕於口。婚姻大事，及平時客至，皆以檳榔為禮」。——《恆春縣志》

相傳，以前有兩位姐妹同時愛上一名青年，而姊姊為成全妹妹的愛情，自己選擇墮崖而死，死後卻化作一株檳榔樹。妹妹感傷最愛的姐姐，寧願捨棄自己愛情和生命，悲憤之下也選擇自盡，化為蔓生的荖藤纏繞在檳榔上。青年得知姐妹倆為了他而殉情，深受感動，選擇步姐妹後塵自盡，最終化為一塊岩石。

後人為了表達對這三個男女愛情的崇敬，將檳榔、荖葉和岩石粉末混合在一起食用。意外的是，這三者混合後的汁液像人的血一樣，且散發出清香的氣味。

食用後使人感到全身溫熱，精神振奮。於是，這被視為一種有情感的象徵。如果有人不吃檳榔，當地原住民會視其為無情感之人。

檳榔很像現在流行的口香糖，也有臺灣口香糖之稱。早期男女老少皆嗜食檳榔的恆春地區，檳榔的吃法不同於一般，分為青仔與乾仔，在地人喜食的是新鮮青綠的檳榔青（俗稱「青仔」），另外一種是煮過曬乾的乾檳榔（俗稱「乾仔」），

上 正港屏東檳榔／下 王敏勳與屏東檳榔

地方的口碑中，大股頭人最喜歡吃的就是「乾仔」。

恆春地區當時有大批的漢人移民要跟原民生番交陪，做點小生意賺賺生活費，檳榔的交流是必要的，當時凡男女嫁娶，必由男方送上檳榔作為禮物，女方才允許談論婚事，連女生的外出口紅原料，也是檳榔汁的傑作。恆春縣志上就有詩為證：「不學雲鬟淺淡妝，芳唇一點是檳榔；逢儂亦要羞迴避，莫薄田家窈窕娘。」，而恆春人的口頭禪──「有成嘸成，檳榔香煙走在前」，說明了檳榔在當地人事應對進退交際間的重要性。

恆春鎮上的福德路號稱恆春「檳榔街」，販賣各類檳榔、荖葉。福德路位於恆春城中心，銜接鎮內最熱鬧的中山路與中正路兩條市街，也是城外人口中「縣城」的市集中心。極盛時期，這條街上販賣檳榔的人有別於臺灣其他縣市美豔清涼的「檳榔西施」，她們大多是中年以上的歐巴桑，環肥燕瘦，各式不同的閩南、阿美族或排灣族的女性，頂著黝黑粗糙皮膚，一口紅色的檳榔嘴，長袖善舞的邀客購買檳榔，蔚為奇觀。

第三怪：「思想起——恆春民謠」

恆春民謠之所以被列為三怪其一，與將〈思想起〉唱紅的「陳達」最有關係。大家知道嗎？陳達的故居就在我們的故鄉恆春。

一九〇六年，陳達出生於臺灣屏東恆春大樹房砂尾路。他小名紅目達仔，家中兄長為村中的音樂好手，陳達也承襲這份音樂天賦，沒有受過正統的音樂訓練，而是靠著無師自通的高超月琴技藝傳唱鄉里，四處走唱打工。

陳達不但擁有蒼涼感的歌聲，喜愛創作，常以日常生活與胸懷情感，譜寫成一首首在地深刻描繪韻味的地方歌曲。他自編、自彈、自唱的形式，也逐漸地在村里、半島之間傳開了聲名。

多年後，從臺東返回恆春的陳達，靠著在地親戚及公

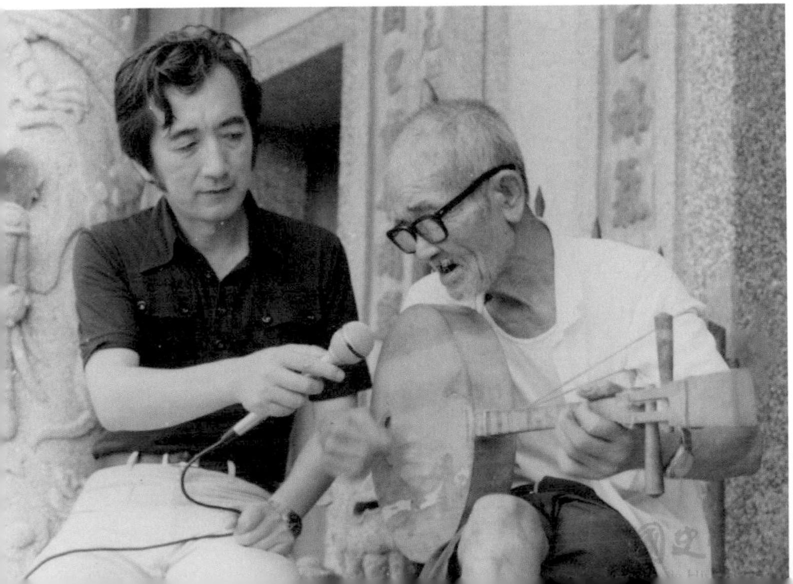

彈月琴中的陳達

● 王敏勳拜訪陳達故居

所的協助，於大光里建造了安身的屋舍。在貧病交迫時，文史工作者發現了陳達，邀請他至臺北表演與錄製唱片，陳達於是成為演唱思想起恆春名曲的最佳人選。

恆春民謠是一種來源複雜的音樂，融合了閩南、客家、排灣族、平埔族等各民俗的元素，這些民謠承載了台灣恆春半島的歷史和傳統，其中「思想起」更被列為臺灣重要文化資產。

張建勇於陳達家中，採錄陳達彈唱自己的身世與經歷（上）

張建勇於陳達家中，採錄陳達彈唱自己的身世與經歷（下）

恆春民謠曲調包含下列曲調：

民謠名稱	別名	特色	主要用途
牛尾擺	牛母伴、唱曲	尾音上飄八度音程，真假聲、高低音參雜，變化莫測，感人至極。	女兒出嫁前夕，親友對女兒的勸慰，女兒對長輩的感恩。
平埔調	臺東調	可能源自平埔族曲調，用於敘事或勸世，有多次改編版本。	一九五二年的「耕農歌」一九五九年的「三聲無奈」一九八〇年的「青蚵仔嫂」。
思想枝	思想起	清廣東人巫元束唱出的曲調，廣為人知，用於敘景、歌頌及祝賀。	用於表達對故鄉的思念，歌頌及祝賀。陳達為演唱翹楚者。
四季春	恆春調、大調	用於男女情歌對唱，以四季花草等事物為起頭，曲調與楓港小調相近。	主要用於男女情歌對唱。
五孔小調	苦力調	曲調高低起伏大，韻味十足，富有表現性，主要用於懷念、哀思、敘事。	用於表達懷念、哀思、敘事。

除了認識以上的民謠曲調區別，恆春民謠就要搭配月琴伴奏，才能顯出那股濃濃的恆春味，與曲間無奈與期待的心情轉折，讓人情緒被牽引其中，彷彿身歷其境。

MORE STORIES

許石與恆春名曲〈思想起〉

提起〈思想起〉，就不得不提到〈思想起〉的作曲人許石先生。〈思想起〉為許石老師辛苦採集自恆春地區之民謠後費盡心血編曲而成。〈思想起〉在當地多用〈思想枝〉之稱，而思想起則用來稱呼以此調填詞的民謠歌曲。

傳頌多年的安平追想曲，是作曲家許石先生譜曲，後由陳達儒先生填詞。根據後人對陳達儒先生的訪談，許石最初是請臺南文人許丙丁動筆，而許丙丁推薦由陳達儒作詞。因為許石要求填詞不能更動曲子的旋律，困繞擾了陳達儒許久，適逢過年時陪太太回臺南娘家，和朋友去西門圓環寶美樓（建物尚存，現為連鎖咖啡店）喝酒，聽到女侍講起安平金小姐的故事，他遂至安平尋訪這段傳奇，結果只看到黃土一坏。回來之後依許石的曲調，寫下這一段古早異國戀情的故事，傳詠至今。

● 許石

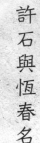

二・恆春三寶

人家常說，中國東北有三寶：人蔘、貂皮、烏拉草，這三種作物也是深受當地特殊寒冷氣候所產出的珍貴物品。而臺灣的恆春也有三寶，受到每年十月到隔年四月強勁的落山風與臨海地形影響，造就出作物獨特的風味。

恆春最廣為人知的三寶是指：瓊麻、洋蔥、港口茶。三種作物頂著烈日強風改變生長特性，恆春地區地處台灣最南端，年均溫攝氏二十五度，雨季集中在六至九月間，同時落山風的影響，為農作物生長帶來一定的挑戰。在恆春的特產中，瓊麻、洋蔥、和港口茶自清代以來一直受到極大的重視，也為恆春居民帶來曾有的繁華歲月。

三寶之首：瓊麻

瓊麻是一個在恆春留下深刻印記的植物！這種植物對地方的環境要求相當

高，需要溫暖的氣候、充足的陽光和通風，而在恆春的石灰岩地帶的土質，更是瓊麻生長的絕佳環境。在當地的西海岸、丘陵和滿州平原，你都可以見到這種植物的蒼勁身影。

恆春瓊麻

回顧一九四〇年代，臺灣的瓊麻種植面積竟然達到了三千公頃，恆春的瓊麻工廠成為當時的主要供應商，主要出口對象是日本，廣泛應用在漁業、航空業和軍方，不同的工廠負責不同的用途，形成了一個龐大的產業鏈，而恆春軍民靠著瓊麻發了一筆大財。

然而，在恆春的居民為了賺錢種植瓊麻，甚至濫砍與焚燒樹林。隨著瓊麻的價格上漲，居民紛紛佔據公有地和海岸林地，甚至發生了殺害巡山員的事件。這樣的種植狂潮不僅對生態造成影響，還對珊瑚礁帶來了嚴重的損害。

從一九〇二年之後的八十年裡，瓊麻在恆春人的生活中成為經濟與地方文化的一部分。恆春的民謠中經常提到瓊麻，象徵愛情和財富，而這個植物也成為當地人表達情感的象徵。

上 手割機／下 瓊麻工作縮影

恆春二寶：洋蔥

聽說過洋蔥的「風吹落山」嗎！恆春的落山風把洋蔥的葉子都給吹倒了，但這卻是洋蔥變厲害的秘密武器。為什麼呢？因為這風吹不倒它的根基，只好讓洋蔥把所有養分都儲存在地下的球莖，這樣洋蔥就會長得更大更結實！

臺灣洋蔥最一開始是在雲林縣和嘉義縣開始興起，然後擴散至臺南縣和屏東縣，最後遍及台東縣。後來屏東縣的洋蔥種植面積急遽擴大，成為全省第二大洋蔥產區，產量還超過一半呢！每年的洋蔥種植週期都在九月到十月開始，結球期在一月到二月，而三月中旬就是收成的好時機。看到農田裡，有時還會看到軍營的阿兵哥前來協助收成，構成一幅軍民相親相愛的美好畫面。

最有趣的是，當洋蔥成熟時它的葉子會優雅地「趴下」，好像被風吹斷一樣。這時養分都保留在球莖上，賦予洋蔥更甜美且辛辣的風味。這個天然的成長過程是造就恆春洋蔥獨特口感的原因之一。這些洋蔥不僅是恆春半島經濟的支柱，還是供應國內外市場的主要產品，品質掛保證哦！

恆春會趴下的洋蔥

恆春三寶：港口茶

恆春半島有一種享譽盛名的茶葉，便是被譽為「恆春三寶」之一的港口茶。這是全台海拔最低的茶葉，栽培地點位於墾丁國家公園東海岸的滿州鄉港口村，

茶園

這裡的茶樹生長在避風向陽的丘陵地，海拔不到一百公尺，成為臺灣最南端的茶產地。

根據說法，港口茶的歷史可以追溯到一百多年前，福建安溪人周有基將烏龍、綠茶、紅心尾、雪梨等茶樹引進恆春半島，分別栽種在赤牛嶺、滿州老佛山和港口。如今，只有港口村仍保留著這片獨一無二的茶樹。即便當地的氣候並不像茶葉生長的理想環境，缺乏雲霧帶，陽光充足，但港口茶卻展現出強大的適應力和耐乾旱的特

港口茶

製作港口茶

性。港口茶有著獨特的製茶方式，叫做「蒔茶」，可是藏有不少玄機呢！茶樹長大後，葉子變得小而厚，節間也變得短，製成的茶葉深受茶愛者喜愛，口感濃郁，泡茶的耐久性更是一流。

　而在港口村的每一家茶行都各具風采，他們都努力創造出自家獨特、無法複製的正統港口茶風。隨著時代變遷，他們也跟上潮流，推陳出新，推出了許多古味新式的包裝方式，以及多元的港口茶食品。如果你有機會品嚐一下，相信會發現每家茶行都有著自家獨特的風味。

Southern
Sovereignty:
Spring Eternity

後記

POSTSCRIPT

永恆春日

臺頂有戲，臺跤有夢

在六萬字的漫步中，在南岬聽到激烈的海浪聲，然後深情告別帶有些許哀愁的欖仁溪畔，感受浩氣長存的石門峽風，踏上阿朗壹與卑南古道的冒險之旅，踩著古道的沙泥，感受歷史的厚重。《永恆春日》的第一部曲到這裡畫下了一個有溫度的句點。

那一天，我回到恆春，順道拜訪了恆春鎮長夫人，也是恆春鎮婦女會的理事長龔大姊。我和她分享了我編寫這本書的初衷，她聽後深受感動，熱情地與我分享了當地的最新消息。

在恆春這片土地上，儘管建築和街道經歷了時代的變遷，但似乎帶著難以言喻的親切氛圍。你能清楚地辨識出恆春半島一帶的鄉親和其他地區的區隔，這是我從小就深熟悉的氛圍，也是一種讓人感到沈澱而平靜的滋味。《永恆春日》的第一卷在結尾中，我發現了許多老恆春人都不知道的歷史故事，深刻感受到這片土地的深厚底蘊，宛如一位七、八十歲的老恆春人，在福安宮前娓娓道出恆春百年來的風光。

透過公視大戲《斯卡羅》的深度介紹，我們揭開了四百年來原住民與漢人之間情感糾葛的層層面紗。那段愛恨情仇交織著各種文化衝突、價值觀念的碰撞，呈現這片土地上豐富多元的歷史風貌。外國勢力在這片土地引發的國際糾紛也在故事中浮現，更凸顯了恆春的重要地位。

然而，這些歷史的曲折並非終結，而是為了讓我們更深刻地理解這片土地所留下的人文痕跡。歷史的教訓和時間的刻痕在這片土地上，交織成一首深情的詩，記錄下原住民與漢人共同生活、奮鬥的點點滴滴。每一位人物、每一段故事，都是這座土地上獨特的輝煌。

這片土地的人文痕跡蘊含著我們堅定的信仰，這信仰不僅僅是對神靈的虔誠，更是對這片土地的深深依戀。我們有著登高搶孤、眾神古城匯聚，繞行於大街小巷。所有的恆春人，無論是河洛倖倖還是原住民，在這信仰的光輝中，我們看到了那些在香火中誠摯至極的祈禱，只為求得風調雨順，這正是我們恆春人最微小而真摯的心願。

同時，上天賜與恆春人在這片美麗的土地上辛勤耕耘的豐厚資源，無論是漁業、農業還是觀光業，都可見到恆春人勤奮努力的身影，我覺得那也是這片土地上最美麗的風景之一。

阿朗壹古道的探訪更讓我們深刻領略到原住民族的遷徙史。從卑南到瑯嶠，這

條古道見證了族群之間的互動，也是一條充滿傳說的歷史之路。透過百年遷徙史與瓊麻工業的興衰，我們得以還原部分恆春家族建築的現貌。

回首這趟旅程，我們所見不僅僅是恆春的美麗風光與生態奇蹟，更有這片土地上複雜多變的歷史。這是一個充滿智慧與愛的土地，永遠是我們心中的家，永遠是我們自豪的故鄉。在這片土地上留下的人文痕跡，既是我們的根基，更是我們的驕傲。讓我們珍惜這份情感，將恆春的故事傳承下去，讓下一代也能夠深切感受這片土地的深厚底蘊。

圖片來源

目錄 編輯團隊拍攝

第一章 墾丁國家公園管理處、國立臺灣史前文化博物館、蔡恆文導遊、編輯團隊拍攝、編輯團隊繪製。

第二章 編輯團隊拍攝、維基百科。

第三章 牡丹心旅行網站、公共電視、編輯團隊繪製。

第四章 維基百科。

第五章 編輯團隊拍攝、維基百科。

第六章 墾丁國家公園管理處、維基百科。

第七章 墾丁國家公園管理處、恆春人雜誌、維基百科。

第八章 台灣美廟故事Facebook粉專、國家圖書館臺灣記憶系統、維基百科、編輯團隊繪製。

第九章 公共電視、編輯團隊

第十章 墾丁國家公園管理處、林博文、張維凱、財團法人蒲公英文教基金會、編輯團隊。

第十一章 墾丁國家公園管理處、開放博物館、許常惠文化藝術基金會、編輯團隊、維基百科。

後記 編輯團隊拍攝

永恆春日三部曲 首部曲

國境之南 · 永恆春日

Spring Eternity: A Trilogy
Volume One:Southern Sovereignty: Spring Eternity

作者	王敏勳
文史顧問	林博文、張維凱
總策畫	陳祈廷
編輯	丁崧耀
藝術總監	邱俊清
設計、印刷	行者創意
出版日期	2024 年 7 月（一刷）
ISBN	978-626-98826-0-1
出版單位	史料未及股份有限公司
發行人	廖秀玲
地址	台北市中正區重慶南路一段 57 號 8 樓之 14
電話	02-23611379
信箱	uergh@tsciching.com

特別致謝

贊助單位
台北市恆春古城文化推展協會
台北市屏東同鄉會
《恆春人》雜誌
萬成水坑環境教育園區
墾丁國家公園管理處
台北創造電影
公共電視台
國立臺灣史前文化博物館
屏南社區大學
國家圖書館（國家圖書館臺灣記憶系統）
許常惠文化藝術基金會
牡丹心旅行／屏東縣牡丹鄉公所
瑪雅之家民宿

導覽團隊
林瓊瑤老師
蔡恆文潛水教練、導遊
廖德文導遊
廖勝吉攝影師
以及每一位曾經協助這本書誕生的夥伴。

文創協力
曾仕強文化事業群—
Zeng Shiqiang Cultural Business Group—
史料未及股份有限公司
TransHistory Co. Ltd.
時行國際股份有限公司
VogueGo International Co. Ltd.

史料未及

The Unexpected Records Of The Grand Historian

《永恆春日》系列總策畫／陳祈廷

王敏勳大哥的奮鬥故事，以及他對故鄉故土的濃烈情感，真的令人十分感佩！感覺他這個人，就跟恆春這片土地一樣，充滿了無限的陽光和溫暖，真誠而可親。在聽完他的故事後，我們決定幫他出書，除了記錄他的人生奮鬥歷程，也深度訪視這片因為被人們遺忘，反而保留了完整文化遺跡的恆春半島。

其中最讓我感動驚豔的，除了恆春古城的文化底蘊、國境之南的美麗景緻、多元豐富的自然生態之外，更因為許多人對這片土地的「情」——有外地旅人愛上這片土地，花了30幾年的時間，穿梭於山林野地間搶救化石，見證台灣歷史，不惜傾家蕩產，只為保存文物，好讓這片土地上的美好能代代相傳。

—陳祈廷

陳祈廷 老師

師承台灣國寶級大師曾仕強教授，多年來深耕易學及國學領域，致力於中華文化的發揚與傳承。具有30多年豐富教學經驗，也是台灣唯一與曾仕強教授聯名授課的老師，曾共同創辦《易經經文班》、《易經繫辭班》、《生活易》……等膾炙人口的熱門課程，讓《易經》與國學走入更多人的生命之中，發揮經典傳承、學以致用的重要功能！

植基於個人深厚的《易經》學養，以及多年企業經營之豐富經驗，由陳祈廷老師所開辦的《企業及個人諮詢》服務，至今已累積超過十萬人次的學員用戶，旨在幫助企業主能知己知彼，找到事業經營的優勢與劣勢；能幫助高階主管幹部隨職務變動，做好及時的自我調整；也能讓每個人重新認識自己，發掘內在能量，活出一個更好的未來。

- 曾仕強教授品牌課程共同創始人
- 《史料未及》文創事業總編輯
- 現代易學院執行長
- 時行國際股份有限公司董事長

演講上千場次

企業及個人諮詢超過十萬人次